U0117170

里山資本主義

日本経済は「安心の原理」で動く

# 里山资本主义

## 不做金钱的奴隶
## 做个安心的里山主人

〔日〕藻谷浩介 〔日〕NHK 广岛采访组 著

朱惠雯 译

华东师范大学出版社

ECNUP　EAST CHINA NORMAL UNIVERSITY PRESS

**图书在版编目(CIP)数据**

里山资本主义：不做金钱的奴隶，做个安心的里山
主人／（日）藻谷浩介，日本 NHK 广岛采访组著；朱惠雯
译. —上海：华东师范大学出版社，2024
（献礼大地）
ISBN 978-7-5760-4889-6

Ⅰ.①里⋯ Ⅱ.①藻⋯ ②日⋯ ③朱⋯ Ⅲ.①生活方
式-日本-通俗读物 Ⅳ.①D731.383-49

中国国家版本馆 CIP 数据核字（2024）第 070724 号
SATOYAMA SHIHON SHUGI
© Kousuke Motani，NHK 2013
First published in Japan in 2013 by KADOKAWA CORPORATION，Tokyo.
Simplified Chinese translation rights arranged with KADOKAWA
CORPORATION，Tokyo
through Timo Associates Inc.，Japan.
Simplified Chinese translation copyright © 2020 by Shanghai 99
Readers' Culture Co.，Ltd.
All rights reserved.

**上海市版权局著作权合同登记 图字 09-2024-0168 号**

里山资本主义：不做金钱的奴隶，做个安心的里山主人

著　　者　［日］藻谷浩介　［日］NHK 广岛采访组
译　　者　朱惠雯
责任编辑　乔　健　许　静
特约编辑　杜　晗
责任校对　时东明　姜　峰
装帧设计　钱　珺

出版发行　**华东师范大学出版社**
社　　址　上海市中山北路 3663 号　邮编　200062
网　　址　**www.ecnupress.com.cn**
电　　话　**021-60821666**　行政传真　**021-62572105**
客服电话　**021-62865537**
门市（邮购）电话　**021-62869887**
地　　址　上海市中山北路 3663 号华东师范大学校内先锋路口
网　　店　**http://hdsdcbs.tmall.com**

印 刷 者　山东新华印务有限公司
开　　本　**32 开**
印　　张　**9**
字　　数　**158 千字**
版　　次　**2024 年 6 月第 1 版**
印　　次　**2024 年 6 月第 1 次**
书　　号　**ISBN 978-7-5760-4889-6**

定　　价　**59.00 元**

出 版 人　王　焰

（如发现本版图书有印订质量问题，请寄回本社客服中心调换或电话 021-62865537 联系）

# 前言
## ——为什么要推介"里山资本主义"

（NHK广岛采访组　井上恭介）

### 打破"100 年来的经济常识"

这本书并不是要劝大家舍弃便利的城市，回到过去的乡村生活；也没有打算把"不丹式的幸福"强行推销给大家。

甚至很可能生活的内容没有什么变化，但本质却发生了"革命性"的转变。这究竟是什么意思呢？

被所谓"经济常识"支配的人，往往是像这样生活的：

为了挣更多的钱，得到更高的社会评价而拼命工作。个人生活只剩下回家后的倒头睡觉。没有时间做饭，三餐全都在外面解决。衣服也没时间洗，袜子之类的动不动就去便利店买新的。

重要的一点是，即使这样拼命工作，他生活得也不怎么富足。薪水也许很高，但是因为每天用于购物的支出非常大，导致手上的现金所剩无几。这样一来，他只能更加卖力地工作。努力工作自然会带来更多收入，但相应地，私生活的时间就更少，从而导致更多的开销。对于"推动经济"来说，他这样的人真是"太有必要了"。但是，他自己的生活却变得如此窘困。

现在的经济形势鼓励这样的生活："不要那么一点一点地省着过日子了。能源和资源都尽管用起来，只要挣来的比用掉的多就行。规模越大赚得越多。这才是'富裕'！"

100多年前从美国诞生的这个"常识"渗透到日本等发达国家，之后还扩大到发展中国家。没有国界的全球化经济体系形成后，如今这已成为全世界的常识。然而，就当全世界开始用同样的常识追求同样的富裕时，发达国家开始喘不上气了。这就是现在的经济状况。

在此我想说的是"转变思路"。什么意思呢？我们以上文那位"劳模青年"为例，将我们的采访成果展示给大家。

这位拼命工作的青年，其实，他所在的公司也处于激烈的竞争中，对手是新兴国家的一家业绩飞涨的企业。对于同等质量的商品，他们以不计成本的低价销售到市场上。之所以能这么做，秘密就在于新兴国家拥有廉价的劳动力。股东们开始给公司施压，要求"降低成本"，于是，公司决定重新核算"劳动成本"。就这样，青年突然被裁员了。

落魄的他回到老家。那里没有什么像样的工作。他只好在一家果酱店工作，用当地水果制作不含添加剂的果酱。收入只有以前的十分之一。唉，就要开始过穷日子了……

然而，从果酱店的客人的谈话中，他惊讶地发现，这里的人过得都很富裕。

以前，青年每个月要花几万日元的电费和燃气费。老家的人问他，真的需要花那么多钱吗？

青年回答："难道要我像原始人一样生活？"对方笑了："你们嘴上这么说，可到了假日却愿意花很多钱去露营，用柴火和木炭煮饭，高兴得不得了。"接着又道："这些事情在这里可是天天都能做的。周围长着那么多的树，可是你们还说如果不从遥远的阿拉伯国家进口石油、天然气来发电就没法过日子。真是很愚蠢。"

于是，青年开始转变了。冰箱和洗衣机还是会用（也算是开始了自己洗衣服的"正常生活"），不过他请当地的大叔教自己用油桶做了一个"生态炉"，上面放上锅，用它来做饭。因为炉子里装了隔热的材料，所以燃烧效率高，后山捡来的柴火只需要五根就能煮一天的饭。电费和燃气费大幅减少了。

他还跟附近的老奶奶租了她家没人种的地来种菜。毕竟是第一次种菜，收成不怎么理想，但这也不用着急，因为老奶奶经常会分点菜给他。"茄子、黄瓜结了太多，都要烂在地里了，你拿去吃吧。"说着便拿来了。多亏她，超市也不用跑得那么勤了。就算去也基本不用买蔬菜。

钱包里的钱不再消失得那么快了。收入虽然是原先的十分之一，但是生活却完全没问题。不仅如此，食物还比之前的不知好吃多少倍。如果是在都市里，这种级别的有机蔬菜要到高级食材店才能买得到。而用生态炉做的饭比几万日元才能买到的"最新型电饭煲"做的还要好吃。生活变得快乐起来，他活得更像一个人了。在都市里拼命工作的时候，在公司以外能说上几句话的就只有便利店的店员……生活确实变得"富足"了。

青年彻底沉浸在乡村生活中。然而，这样的事情如果在城市里无法实现的话，那么也很难解决问题。所以，我去问了那位教大家做生态炉的大叔。他一脸"那很简单"的表情回答道：

"都市有都市的做法，粉碎机切碎的垃圾不是堆得像山一样高吗？不是还要花很多钱运出去焚烧吗？"

在被卷入全球化经济的时候，如果能去怀疑和减少那些原先觉得"没有办法"只能花出去的钱，就有可能夺回我们的"富裕"。然后，经济就会渐渐成为"我们自己的东西"。这是打破"100年来的经济常识"的基本做法。

## 新构想源于"金钱资本主义"

让我们开始怀疑"100年来的经济常识"，感到必须要摸索一条新道路的，是2008年秋天，由美国雷曼兄弟公司破产而引起的"雷曼事件"。

为了看清这场令人不可思议的经济危机的本质，我们制作了一档名为《金钱资本主义》的NHK特别节目。同时还采访了"雷曼事件"后业绩一路下滑的汽车行业。

为什么一家投资银行的破产能让全世界陷入危机呢？为什么美国的金融街——华尔街——的失败会殃及作为世界实体经济根基的汽车产业，并令其陷入困境呢？我们深入到这个一直被神秘面纱所遮盖的企业内部进行了采访，才发现我们曾生活在一个邪魔外道的世界里，这令我震惊不已。

我们是如何坠入"外道经济"的呢？在那之前，曾经用100年的时间扩张到全世界的"美国式资本主义"开始失去原有的速度，世界经济的巨头们为了延续其生命，开辟了一条血路，建立了常人难以想象的、疯狂的机制，所以，最后得到这样的结果也是理所当然的。

事情是从 20 世纪 70 年代初的"尼克松冲击"开始的。在美国成为全球最富裕国家时，建立了美元与黄金直接挂钩的制度，规定世界上所流通的，不过是一张张薄纸片的美元，无论何时都能与一定量的黄金交换。后来，这个制度渐渐难以维持，进入了美元与其他国家货币的兑换汇率随着世界局势的变化而变化的时代。然而，在 20 世纪最后的 30 年里，美国经济开始持续地走下坡路。

二战后，美国的经济无比强大。它的象征就是世界最大汽车制造商 GM（通用汽车）。20 世纪 60 年代，GM 最昌盛的时候，其利润每年像滚雪球般不断地增加，无论怎么给员工加薪，钱都多得用不完，于是企业就把钱不断地加在员工未来的待遇——养老金上。那是今天所无法想象的超级优良企业。美国向全世界所展示的这种类型的"富裕"，是靠这些"不断变大的巨头"——GM、工业巨头 GE（通用电气）、化工巨头杜邦等优良企业的成长创造出来的。

然而，进攻式前进不可能一直持续下去。曾经被小看的日本车正在追赶上来，竞争变得越来越激烈，甚至抢走了美国市场这棵摇钱树。在汽车王国底特律，曾经拥有王者地位的三大赚钱大户开始衰落，这给美国经济带来了极大影响。

有一些头脑聪明的人在想办法阻止美国的衰退，但他们选择的不是认真地恢复业绩，他们看中的正是"货币"。不是加紧制造和销售商品来挣钱，而是让钱生钱的经济迅速地膨胀起来。

在雷曼事件之后的美国，我们目睹了这种"外道经济的末路"。

底特律的汽车销售员给我们看了新车购买者申请书，上面既不问职业也不问收入。销售员大叔对我们说："就连捡垃圾的人我们也卖。"他们卖的是700万日元一辆的名为SUV的高级四轮驱动车。

为什么能把车卖给这些人呢？因为只要让他们贷款就行了。一般人听了之后的反应是："但是，贷款不是要还的吗？"其实不是的。不需要让他们还贷款。贷了款之后，这个债权马上就会被华尔街的金融机构拿去。聚集起来的大量贷款债权被组合在一起，"进行数字上的加工"就变成了金融产品（贷款债权指的是几年之后，利息部分会大幅度增值并得到返还的"金融产品"。只要买了由几个贷款组合起来的金融商品，几年后就能连本带息地收回来。也就是高利息的金融产品。另外，贷款还可以在还款期限之前进行再融资，这样的话就永远不会有呆账了。想出这套机制的人对我们如是说明）。

华尔街的投资银行大笔大笔地售出这样的金融产品，而想买的人也是乌泱乌泱的。最大的客户就是像养老基金那样想尽办法要增加本金的客户。

这里一定有问题。照理说，原本像这样没有偿还能力的人所贷的款风险太大，应该没人会投资。其实，这个机关的巧妙之处就在这里。刚才我提到了"进行数字上的加工"。世界各地的数学天才聚集到华尔街，运用特殊的数学理论，从这些金融产品中提取出"坏账风险"，然后把这些风险放在一起又做成新的金融产品来卖（其中一个金融产品就是 CDS，即信用违约互换），他们玩的就是这样惊人的把戏。这种操作被称作"金融工学"。

参与采访的导演看了其中一位天才的录像后哑口无言。后者坐在电脑前，以飞快的速度滚动着页面，阅读一长条写满奇怪的计算公式的报告，速度快得连句子和文字都完全看不见。可是他却在瞬间读完，并对其中一个计算公式进行了评价。确实是一个天才。

进入 21 世纪后的一段时间内，带动世界经济的美国经济的景气就是靠着这些天才开发的"不可思议的机关"得以运转的。

没有钱却可以买豪车的人，汽车卖到笑不动的汽车经销商，汽车制造商，把收集来的贷款债权变成大量的金融商品并大把挣钱的华尔街投资银行，还有通过投资这些金融产品有效地增加了老年资金的养老基金，可谓皆大欢喜，在雷曼兄弟这个巨头投资银行破产之前……

就在一瞬间，由"谎言"黏合在一起的装置开始倒转。世界经济一下子崩塌，拥有 100 年傲人历史的 GM 也被逼到破产，而这些都是必然的结局，因为魔法消失了。

直到今天，它的后遗症对于世界的影响依然存在。从希腊到西班牙，再到意大利，欧元危机带来的不信任犹如山体滑坡般不断地扩大。日本政府每年累计的债务也已达到 1000 兆日元左右，危机就在眼前。同样，美国虽然史无前例地放宽了金融政策，但是经济依然没有得到恢复。

## "经济衰退的国家"成为金钱的牺牲品

看到这样的世界经济，您是不是想问，为什么要在这个时候提出"里山资本主义"？

用一句话来说就是，因为现在这个经济系统令全世界的人只能依靠全球化货币的恩惠，这绝对是不正常的。能不能哪怕只是改变其中的一小部分，让它成为"坚实的经济"呢？

之前我们曾经写道，养老金是人们在职时为退休后储备积蓄的系统，在企业以难以想象的速度持续增长的过程中，这个系统得到了扩大。在企业和国家的经济处于增长的阶段时，这样的做法也许是对的吧。于是大家都效仿这种做法，追随先进的富裕模式，成功地成为其中的一员。然而，当作为前提的"增长"停滞了，会怎么样？

结果可想而知。原先只要买了优良企业的股票，股价上升后资金就能不断地增加，然而一旦实体经济的增长停滞，这样的时代也就宣告结束。可大家却仍然指望养老金成为退休后的依靠，指望它能如预期的那样增加。结果，世界各地的养老金源源不断地涌入这些由谎言黏合起来的、高投资回报率的金融产品。

然后就是"雷曼事件"后世界经济的倒转。为了拯救濒临死亡的华尔街和 GM 等企业，重建经济，政府开始进行财政干预，代为承担企业的债务。结果，发生了什么？债务转移后，"变得虚弱的政府"这次成了金钱这个猛兽的牺牲品。这就是欧元危机的本质。

欧元中最弱的希腊首先被送上了祭坛。希腊政府在破产后为了重建财政，选择放弃老百姓的养老金。当政府强行通过这个决定时，老人在广场上自杀表示抗议的事件让人记忆犹新。

然而，话说回来，想要在退休后过得富足，是不是所有人毫无例外地都要依靠养老金呢？"晴耕雨读"不也挺好吗？天晴就去地里种菜，下雨了就在家里休息。在还没有养老金的时代，这是人们理想的老年生活。

　　在这里，值得注意的是"晴耕"。这样的老人为什么不需要养老金就能生活？非常简单。他没有过着需要很多钱的生活。因为吃的东西尽可能自己解决，所以需要花钱买的东西很少，几乎没什么现金支出。

　　听到这样的话，马上就有人反对："这是不可能做到的。要过现在这样的现代生活，钱是绝对需要的。"确实，要做到100%不花钱是不太可能的。但是，我想要问的是，现在你花钱买的东西都是非买不可的吗？这样做，真的更合理、更高效吗？

　　例如，有人生活在山间一个自然资源丰富的乡村。只要稍微走几步，就能毫不费力地捡到四五根柴禾。有人住在被称为"人口过疏地区"的岛上。只要天气好，把鱼竿垂钓在那里，说不定就能钓到一条竹荚鱼，成为当晚的一道菜。是不是可以试着把享受这样的恩惠的生活作为"子系统"，与依靠养老金的生活结合在一起呢？

## 从“强势经济”中解放出来

在东京制作《金钱资本主义》这个节目的时候，我们还没有一个确切的想法可以对这个问题提出异议。货币是大规模的经济，渗透到我们生活的每个缝隙。要告别货币，就等于是拔掉重症病人身上维系生命的装置。反过来说，我们也许在不知不觉中已经变成了一个无法自主呼吸的病人。

2011年3月11日，日本发生了东日本大地震（“3·11”大地震）。紧要关头，货币这样的东西什么忙也帮不上——这样的世界忽然就这么出现在我们面前。只要一按开关灯就能亮的这样理所当然的生活也突然停止了。因计划停电都市变得一片漆黑的时候，我们明白了依赖遥远的地方所制造的大量能源是多么让人不安。所有赖以生存的东西，全都被组合在自己双手够不到的巨大系统之中，这样的风险此刻便一下子显现了出来。

那一年的6月，我从东京调到广岛工作，在那里有了意想不到的经历。人口稀少和老龄化是乡村永远的课题。然而，我在这里却遇到了与这个负面形象截然相反的“活泼开朗的乡村大叔们”，令我恍然大悟。

其中一位代表性人物和田芳治住在广岛县庄原市，他牢牢地抓住了前去采访的记者的心。“我得了‘脑南卡肖’。”他说。“脑软化症？”我们重复道，坐在旁边的他的夫人笑起来："他老是说，脑！南卡肖，南卡肖——哦，要做点什么，要做点什么的，然后就开始做了。"原来如此。"要做点什么"的这些伙伴一起开发和普及的是利用后山的木头实现能源自立的"生态炉"。志同道合的伙伴遍布日本的乡村，动不动就说刚做了面或是采了好吃的蘑菇，就这样寄了过来。要怎么还礼呢？绞尽脑汁后终于想出了好办法：他把我们带到附近的菜园，那里结了好多南瓜。但不是普通的南瓜，而是用茎在瓜皮上开了口子，上面浮现出一些文字的南瓜。瓜皮表面浮现出"谢谢"或者笑脸等文字或图案。这是世界上独一无二的礼物。然后，他又递来一只刻有"NHK 广岛"字样的南瓜。我们就这样被他拉入伙了。

我们的目标是里山资本主义的"某种完成形态"。关于它的内容我们将在正文中做详细介绍，如果要在这里稍微透露一点的话，那就是，里山资本主义的目标不仅仅是脱离全球流通的资源，还包含了价值观的转换，是对喜好"钢铁和混凝土这样坚硬和强壮的东西"的 20世纪"强势经济"的质疑。

### 乡村已经跑到了世界的最前端

东日本大地震发生半年后，即 2011 年夏末，NHK广岛开始制作《里山资本主义》。这个节目的顾问是走遍全国各地的区域经济学家藻谷浩介先生。

我们和藻谷先生的相识始于他撰写的《通货紧缩的真相》一书。我们为这本书所感动，想做一个节目来介绍书中所展示的、打破常识的经济类型以及理念的转变，于是找到了他。节目是在地震前的 2011 年 1 月，以 NHK 特别节目《2011 日本的生存之道》为题播出的。

"东西卖不出去是因为经济形势不好，这样的认识是对的吗？"对于藻谷的提问，大家都惊讶得瞪大了眼睛。藻谷拿出了"人口波动"图表。劳动人口的数量，即"生产年龄人口"在战后急剧增加，这个数字减少后，商品便开始滞销。听了这个"令人醍醐灌顶的解说"，我恍然大悟地拍了一下大腿。

调到广岛之后，我又看到了新的打破常规的事例，直觉告诉我"要去和藻谷先生聊一聊"，于是就去邀请他参演节目。

他当即就同意了："这正是我现在关注的主题。"地震后，有些日本人产生了一些新的想法，而藻谷想要提出一些方案，为这些想法创造机遇。

在山阴山阳地区（指日本本州西部地区，包括鸟取、岛根、冈山、广岛、山口等五个县）正在展开各种尝试，我们对这些案例进行了多次的实地考察，并提出了"里山资本主义"这个新词，作为与"金钱资本主义"对峙的一个概念。也在 2012 年元旦的 NHK 特别节目《努力实现！日本复活》中，介绍了以冈山真庭的木材加工厂为中心的实践案例，并发表了"里山资本主义"这个概念。

关于山阴山阳地区的这个节目后来做成了系列，我们将节目作为一个平台，而"草根的网络"就像阿米巴原虫一样不断地扩大。

日本经济之所以停滞，根本原因不在于"经济形势"，而在于人口波动。做出这个令人恍然大悟而又准确的判断的藻谷先生，这次将如何以"里山资本主义"为题，为我们拨云见日、重新认识现状，迈出走向未来的第一步策划战略呢？我们将在此阐述他精妙的论述。

本书是由 NHK 广岛电视台的两位工作人员和藻谷先生共同合作完成的。前者不断地奔赴现场，在与里山革命家们的讨论过程中，不断地试错、汲取其精华；后者则跑遍了日本的各个角落，根据自己对问题的认识，进行追根究底的考察。

和自以为走在世界前端的都市相比，总是被认为落后的乡村，其实现在反而走到了前面，我们希望地方上的人们能为此感到惊讶和自信。

我们也希望都市的人们能够将"里山资本主义"看

作都市里也能应用的思考方法，将其作为与之前完全不同的解决方案用于解决不断增加的问题和不安。在后面我们会详细介绍以都市最尖端的能源系统受到瞩目的"智能城市"（Smart City）。我们在与某 IT 企业负责人的讨论中发现，这个系统其实也是以与里山资本主义完全相同的思路为基础的，为此我们大受鼓舞。

打破人类相信了 100 年的常识的大胆方案，令人激动的挑战之旅即将开始。

# 目录

模式换来"经济稳定"/"开放的地域主义"才是里山资本主义/从钢筋水泥向木造高层建筑的转移/伦敦、意大利也在推进木造高层建筑/工业革命后新的革命正在进行中/日本的CLT产业也开始影响政府

以加工业立国的模式因资源价格高涨而陷入贸易逆差/重建不依赖金钱的子系统/曾经逆风强劲的山阴山阳地区/地域振兴的三种神器也没能让经济发展起来/全国各地皆能效仿的庄原模式/日本也在进行木材利用的技术革新/奥地利的能源已从地下资源转换到地上资源/不认同"双管齐下"的极端论调的误区/"无法用货币换算的物物交换"的复权——金钱资本主义的对立命题①/对规模效益的抵抗——金钱资本主义的对立命题②/向分工原理提出异议——金钱资本主义的对立命题③/都市里也能轻松地实践里山资本主义/用钱买不了你自己

人口过疏之岛正成为21世纪的最前线/从大牌电力公司员工到"岛上的果酱店主"/为自己也为当地带来利益的果酱制作/畅销的秘密是"高价购买原料"和"不惜人力"/想要来岛的年轻人越来越多/"新常态"改变时代/52%、1.5年、39%,数字道出的事实/乡村有自己的发展方式/地方的赤字源于购买"能源"和"物资"/高知开启了真庭模式/日本正在迈向"令人怀念的未来"/"Share"的含义在不知不觉中发生变化/"粮食自给率39%"的国家正出现越来越多的

"弃耕地"/"牛奶的味道每天都不同"成了卖点/"弃耕地"是能满足所有条件的理想环境/活用弃耕地的关键是乐在其中/"必须拿到市场上去卖"只是个幻觉/不断收获市场"外"的"副产品"

# 第一章　世界经济的最尖端：山阴山阳地区

——从零成本开始的经济再生和地方社会的复苏

**（NHK广岛采访组　夜久恭裕）**

## 21世纪的"能源革命"从里山开始

东京电力福岛第一核电站事故之后，人人都开始关心起"能源"来了。

然而，里山资本主义里所说的能源问题，并不是"用自然能源替代核能"这个层面的话题。我们在这里将要讨论的内容，很可能从根本上颠覆20世纪日本人所普遍持有的能源观。

故事发生在冈山县一个名叫真庭市的小镇，位于从冈山市往北开车一个半小时，海拔1000米以上，群山连绵不断的山阴山阳地区。在这里正在进行着一场在日本，甚至在全世界也可称为最先进的能源革命。

2005年，真庭市由周边九个町村合并而成，其面积在整个冈山县首屈一指，但是人口却不到5万，山林面积占总面积的80%，是典型的山村地区。

"欢迎光临木材小镇"——国道沿线的广告牌自豪地迎接着远方的来客。

一直以来，支撑该地区经济的是林业和木材加工业。如果在街上开车，你会不断地与装满原木的卡车擦身而过，并且随处都能看到木材堆得像山一样高的仓库。

全市有 30 家左右大大小小的木材加工厂。数十年来，大家都苦于当地住宅建设的低迷，每家都经营得非常艰苦。当然，木材产业形势的严峻并不只是真庭市如此。从全国范围来看，1989 年时还有 17000 家木材加工厂，之后的 20 年里持续减少，到了 2009 年，就只剩不到 7000 家了。

面对如此不景气的木材加工业，真庭市却出现了这样一个人，他雄心勃勃地认为"只要将思路做 180 度的转变，夕阳产业就有可能重生为世界最尖端的行业"。令人印象深刻的是，他有一头不掺任何杂色的雪白头发。他就是刚刚步入花甲之年的中岛浩一郎。

中岛担任董事长兼总经理的"铭建工业"专业生产住宅类的建筑材料，有 200 多名员工，一年加工 25 万立方米的木材，是真庭市最大的木材加工厂，也是西日本规模最大的木材加工厂之一。

1997 年末，中岛开始感到光是做建筑材料会陷入慢性贫困，于是，第一个在日本引进并完成了"秘密武器"——一个坐落于宽阔厂区正中央的巨型银色装置，高度在 10 米左右，外形是饱满的圆锥体，顶部不断地冒出水蒸气。

这就是如今对于铭建工业的运营而言不可或缺的发电装置。

木材加工厂发电？它的能源从何而来？能一下就猜出答案的人，应该是对于自然能源相当关心的人了。答案就是，在木材加工过程中产生的木屑。专业上被称为"木质生物质发电"。

山里的树在伐下来之后，以原木的状态被运到加工厂。在剥去树皮、切割去四边后，用刨板机加工成板材。这个过程中会产生树皮、木片、刨花这样的木屑，每年有 4 万吨之多。以前被当作垃圾处理的木屑，现在用输送带从整个工厂的各个角落收集起来，然后倒入炉中。我请他们打开厚重的铁质炉门给我看——灼热的火焰，火星四溅，热气扑面而来，烤得两颊发痛。

发电厂 24 小时全天运作。其工作量，也就是发电量为一小时 2000 千瓦，相当于 1000 户普通家庭的用电量。

即使如此，和具有 100 万千瓦这样惊人电量的核电站相比，这样的小发电厂仍是微不足道的。

中岛加重了语气说，提到这件事，特别是在"3·11"大地震之后，人们总是不断地纠结于"靠这个我们就不需要核电了吗"？可是问题并不在这里。

"一座核电站一小时生产的电力在我们工厂要花一个月的时间。然而，关键并不是发电量的大小，而是我们能将眼前的东西作为燃料进行发电。"

重要的是，对于公司和当地社会而言，能带来多大的经济效用。

中岛的工厂用电几乎百分之百依靠生物质发电。也就是说，他们没有向电力公司购买一度电。单单这项每年就节省了1亿日元的支出。并且夜间不怎么用电，所以电还有剩余。把这部分多余的电卖给电力公司，一年可收入5000万日元。不仅节约了1亿日元的电费，还有卖电所得的5000万日元收入，加起来就是一年增收1.5亿日元。

不仅如此，每年排出的4万吨木屑如果被当作工业废弃物处理的话，要花2.4亿日元。因为这部分支出也变成了零，所以总共赚了近4亿日元。

1997年末建成的这座发电装置，建设成本是10亿日元。

当时是日本泡沫经济崩溃之后，正进入所谓"失去的10年"。建筑材料的需求越来越低迷，中岛的公司第一次出现赤字。中岛就是在这样的情况下去银行申请贷款，结果据说银行负责融资的人对他们的生态发电所的建设计划很无语。因为就当时的常识而言，说到设备投资，仍然是冲着扩大事业去的。

"银行跟我们说，不要去想什么发电，其他可以投资的设备不是还有很多吗？比如扩大生产规模的设备，或者提高加工程度的设备。还说能源这样的东西应该不需要优先考虑的吧。"

更何况那个时代，谁都没想到有一天可以把电卖给电力公司。然而即使如此，中岛还是说服了银行，开始了他的发电事业。只不过没能马上卖电。

"收购价太不划算了。电力公司买电，是按照1千瓦3日元的价格。这也太便宜了。所以我就问他们为什么只有3日元，电力公司说他们运作的煤炭火力发电厂燃料最便宜。买你们的电就不需要用那么多煤炭，所以价格是按照减少的费用来计算的。"

于是，中岛决定暂时先为自己公司的用电发电。然而，时代很快就追上了他的脚步。2002年，新法律出台，规定了电力公司有购买自然能源的义务。这下反倒是电力公司来求他们卖电，并且价格一下子涨到可以带来收益的9日元（1千瓦）。

我们去采访的时候，他们自引进生物质发电已经过去了14个年头。设备早就折旧完，可说是赚够了本。而发电机组现在仍在运作。比起石油和煤炭，用木材发电不伤锅炉，机器的损伤小到让维护人员都非常惊讶。

就这样，中岛的公司的运营挺了过来。这就是曾被认为跑在时代最后面的木材加工业。而再生的灵感，其实就在自己的眼前。

提到农林水产业的再生策略，总是会被要求"生产畅销的商品"；被要求种植高附加值的蔬菜，然后标高价销售；或者被要求扩大规模、提高效率、大量地生产。

一定要转换这种思路。利用以往被扔掉的东西，也有通过把不必要的经费，也就是支出变成收入，进行重建的方法。这就是中岛式的"运营重建法"。

## 替代石油的燃料

虽然用木屑发电来重振运营是个很厉害的想法，但是中岛令人惊讶的挑战远远不止此。

正如刚才所说，木材加工厂一年产生的木屑平均有4万吨。事实上，光是用来发电是用不完的。于是，中岛又想到了一个革命性的用途。把刨花紧压成直径6毫米或8毫米、长2厘米的圆筒，作为燃料进行销售。这被称为"木质颗粒"，或者就叫"颗粒"。

虽然使用这种燃料需要专用的锅炉或者炉灶，但是用起来和煤油一样，只要放进燃料箱就可以，非常简便。

不仅如此，这种燃料性价比还非常高。据说成本基本和煤油相同，产生的热量也差不多。可以说是有可能取代 20 世纪占据能源中心地位石油的、属于 21 世纪的燃料。

从木屑中诞生的能源——"木质颗粒"

铭建工业以 1 公斤 20 日元的价格销售这种木质颗粒。客户遍布全国，一部分还出口到韩国。尤其是在当地真庭市，木质颗粒作为一般家庭供暖以及农业用大棚的锅炉燃料，得到了迅速的推广。

其背后还有着政府的大力支持。真庭市甚至有专门负责"生物质"的行政部门，名为"生物质政策科"，支持这项由民间主导开创的事业。作为一个除了木材以外没有其他大产业的城镇，真庭市政府下决心专从木材出发寻找生路。

首先他们将公共设施作为范本，在当地小学、市政府办公楼以及温水游泳池等，逐一引进木质颗粒锅炉。2011 年，真庭市新的市政府办公楼的建造用了大量当地产的桧木"美作桧"，不但供暖使用木质颗粒，冷气供应用的也是它。用锅炉来供应冷气，外行听起来会觉得不可思议，其实他们用的是吸收式冷冻机的装置。水加热蒸发时会从周围夺取热量，利用这一点产生冷气。没想到燃烧木材不仅能供暖，还能制冷，木材的潜力真是不容小觑。

政府的支持还不止这些。虽然木质颗粒专用锅炉和炉灶很好，但因价格太贵，所以政府对那些想要购买的家庭和农户给予了补贴。个人家庭用的炉灶一台最多补贴 13 万日元，农业用锅炉最多补贴 50 万日元。市里还出现了专门销售木质颗粒专用锅炉的商店。像这样能在国道上看到"销售木质颗粒锅炉"广告牌的城市恐怕没有第二个了。

谈到真庭市的成功时，不能不提的一点就是，政府给这样由民间主创的新事业提供了很多支持，包括预算在内。

## 从国外购买能源，就必然要受到全球化的影响

木质颗粒的引进究竟产生了多大的经济效益？我们

来看看真庭市专业农户清友健二的案例。

自称"农民"的清友以西红柿为主力产品，还种植其他各种各样的蔬菜。他的农产品不是通过大型流通渠道，而是完全放在当地的"公路驿站"以及家庭运营的直销点等地方销售。他对"地产地消"尤为热心，可以说是一位里山资本主义的实践者。

然而，不同于完全没有来自海外廉价农产品的流入或产地间激烈竞争的江户时代，"现代农民"要想作为专业农户活下去，需要花费大量的时间、精力和创意。而清友所做的，就是西红柿的大棚种植。寒冷季节也能吃到好吃的西红柿，由此产生高附加值。

西红柿据说在室温 12 摄氏度以下的时候就会生病，没法存活。要让农业现代化，那么热能自然就变得非常重要了。

"不消耗能源当然再好没有，但是农民光靠当季的蔬菜是没法养活自己的。如果不种那些在季节到来前就有需求的蔬菜的话，专业农户绝对干不下去。"

如今全球化经济渗透到我们生活的每个角落。农产品再怎么"地产地消"，种植过程中如果需要的能源还要从其他地区购买，那还是逃不开全球化的影响。

清友之所以引进木质颗粒燃料锅炉，是因为 2004 年席卷世界的原油价格高涨。

当时清友正在使用柴油式锅炉。但是原油价格异常地在4年间持续增长，直到翻了3倍。燃料费照这样继续上涨的话会怎么样？清友陷入了不安。他开始尝试将室温降低1至2度。

结果，西红柿瞬间就开始生病，几乎全部坏死。清友的经营受到极大的打击。

正在走投无路的时候，清友忽然听说就在当地，也就是自己菜地前面的那家名叫铭建工业的企业正在生产木质颗粒燃料。

"当时因为木质颗粒燃料锅炉的价格比柴油锅炉高，我还挺犹豫的，但转念一想，照这样下去的话只会越来越穷。"

后来听说有政府补助，清友便下决心引进了木质颗粒燃料锅炉。效果是显著的。一公斤20日元的性价比当然令人满意，但更重要的是燃料价格没有波动。"如果在播种之后柴油涨价，生产计划就会因此泡汤。因为虽说燃料费涨了，西红柿也不能因此就卖得更贵啊。而木质颗粒价格稳定，所以我们能做长远计划，能估算出一共需要多少钱，这个月需要支付多少。这真是帮大忙了！"

2012年，清友引进了第三台木质颗粒燃料锅炉，这次没有拿政府的补助。

世界上的原油价格是以商品期货市场的交易价为重要参考指标的。期货市场原本是为了让经济活动避免受到商品未来价格变动的影响而诞生的，但是如今因为有了那些为谋求短期利益而流入的投机性资金，价格发生大幅波动。这些超出实际需求的货币进出市场，对于清友这样用长远目光来开展扎实的农业活动的人而言，可说是洪水猛兽了。

其实，我们日常生活中使用的能源大部分是热能。根据日本资源能源厅发行的《能源白皮书》（2012 年），2010 年度家庭能源利用中，动力和照明等（家电）主要通过电力提供的占 34.8%，相比之下暖气占 26.8%，热水供应占 27.7%，厨房占 7.8%，冷气占 2.9%，可见热利用占了绝大部分。

真庭市除了铭建工业依靠木屑发电以外，还开始关注木质颗粒的热利用，这些都有利于提高能源的自给率。

根据该市的调查，全市能源消费中 11% 是依靠森林资源。可能会有读者觉得 11% 的比例听上去并不高，但是在日本全国的能源消费中，包括太阳能和风能在内的自然能源所占的比重只有 1%。与之相比，真庭市的占比是其 10 倍之多，并且比例还在继续增加。

## 20 世纪 60 年代之前，能源都从山里来

　　真庭市的目标是完整地使用山上的树木，成为无需依靠电和石油等其他地区所供给的能源的地区。然而，率先使用木材资源的中岛指出，木材的能源利用不久以前在日本还是很常见的做法，现在只不过是用现代技术又让它再次被利用起来而已。

　　"20 世纪 60 年代之前，能源都来自山里。比如木炭和枯叶。虽然没法普及至全日本，但是有些地区确实可以将木材作为核心能源。"

　　中岛说，日本人从古至今都擅长利用山里的树木。

　　从后山砍来柴火，烧水洗澡煮饭。山里烧炭的小屋里生产出来的木炭一直是重工业和城市中一般家庭能源的重要来源，直到太平洋战争之后被石油和都市燃气所取代。战争中，为了抑制民间的原油消费，甚至还有用木炭作为燃料的汽车。

　　日本人善用山林树木的智慧，孕育自其占国土面积66% 的丰富的森林资源。

　　山阴山阳地区，更是走在最前面。

　　这是和"踏鞴制铁"（tatara，译者注：脚踏式鼓风制铁）一同发展起来的。这种制铁法至少可以追溯到平安时代（794—1192 年）。将从山阴山阳地区采集到的大量优质砂铁作为原料，精炼制铁。因为是利用被称为

"踏鞴"的踏板将风送进去，而得名"踏鞴制铁"。在宫崎骏的动画片《幽灵公主》中，和山神们对抗的"踏鞴人"所经营的就是踏鞴制铁。妇女几个人一起用力踩踏板的画面应该有很多人都记得吧。现在，在岛根县出云安来地方，仍然在使用踏鞴制铁的方式制造日本刀等铁器。

踏鞴制铁需要使用大量的木炭作为燃料。如果无计划地进行伐木的话，山林瞬间就会变成秃山。事实上，据说近代以前，日本所见之处有不少被砍伐后的秃山，令人不忍直视。

近代以后，山阴山阳地区的山岭以踏鞴制铁为中心，慢慢发展成里山的过程，在有冈利幸所写的《里山I》（法政大学出版局，2004年）中有详细的描述。

踏鞴制铁由那些获得藩许可的、被称为"铁师"的业者所运营。他们分得一部分藩有地作为烧炭用的山，被任命进行森林的培育和管理。此外，为了烧炭，他们还雇用了大量被称为"烧子"的专业烧炭工。

用踏鞴制铁，一个地方一年就要消耗450至750吨木炭。为了确保如此之多的木炭，必须要有40公顷的山林。当时，木炭大多用栎树和橡树等阔叶树作为原料，而这些树要长到合适的粗细大约需要30年，因此，维持一个踏鞴制铁所的运营需要1200公顷的广袤山林。

顺便说一下，阔叶树被伐掉之后，第二年就会在留下的树桩上长出新芽，开始重新生长，所以即使被采伐，山地还是很快就又被树木所覆盖。

然而，渐渐地，仅靠从藩那里分来的山林开始无法供应足够的木炭，铁师们开始从当地老百姓那里买炭。据说围绕炭的价格有时还会发生冲突，但最终以尊重老百姓的意愿为重，建立了持续购买、储备木炭的机制。此外，铁师们为了加强运输木炭的能力修整山路，借马给百姓用以增产。

有冈利幸总结道："从江户时代后期到明治、大正时代（18 世纪后半叶—20 世纪初），出云国（大致在今日的岛根县东部）南部地区可以说整个区域都'里山化'了。"

就这样，山阴山阳地区从远古时期到二战后，孕育出众多充分利用山中资源的智慧，建立了以山为中心的地方经济。

而破坏这个体系的，是战后涌入日本的、在数量和体量上都具有压倒性优势的海外资源，其中尤以石油为甚，因为既便宜又方便，而且好用，所以其应用范围得到爆发性的扩大，没多久就替代了木炭成为这里的主要能源。

让情况更加严重的是 1960 年开始的木材进口自由化，以及木造住宅需求的低迷。越来越多的人向往都市生活，因此，钢筋水泥的楼房开始流行，住宅建造的开工数量持续下降。

到了今天，我们看到的是，在日本的山林里那些已经成材的树木没有得到及时利用而被荒废在那里。

战后种植的 1000 万公顷的人工林基本都已生长了 50 年，然而，虽然这些树木已经到了采伐期，但是木材需求却从 1973 年的最高峰 1.1758 亿立方米开始一路跌落，到 2011 年已经降低到了 7272 万立方米。预计今后随着人口的减少，需求还将进一步降低。

真庭市就是和发展处于低迷状态的木材产业同甘苦、共命运地一路走来的。

20 世纪全球化的发展，为以汽车和钢铁这样中央集约型产业为主的日本带来了巨大的经济成长。然而，同时这也导致日本人忘了使用他们最亲近的树木这个资源，那些曾与山共生的地区被逼到了死亡的边缘。

## 以山为中心，资金重新流动起来，
## 从而创造出就业机会和收入

冈山县真庭市通过推动山林树木的利用，来实现能源自足。这也是 20 世纪后半期深受全球化负面影响的地方重新获得经济上独立的一个挑战。

这个挑战正是从"平时随手可得的木材为什么没能为当地带来富裕?"这个疑问开始的。事情的转机出现于1993年。当时,几位当地20至40多岁的年轻经营者聚在一起,发起了一个名为"21世纪真庭塾"的学习小组。他们的目标是"将绳文时代起一脉相传至今的、以富饶的自然为背景的生活传递到未来"。这真是个宏伟的目标呀。

从一开始就带领讨论的是担任塾长一职的中岛。受到大家关注的是一直以来被视为垃圾的木屑。

"一有人说到'如何有效地利用废弃物',大家就会马上批评说'不是什么废弃物,是副产品''全都是有价值的东西',等等。然而,即便如此,当时也只是觉得木屑是副产品,到了今天,则已经把它看作是正经产品,而不是副产品了。一定要将树木全面地利用起来。如果做不到全面利用,那么地方就无法存活下去。"

讨论得越是认真,各式各样的想法就越是源源不断地涌现出来。之前从没想到过的木屑利用法一个接一个地被想到。比如水泥厂将水泥与木片混合在一起做成新的产品来销售,比如建立实验室尝试用木材制作生物质乙醇。就这样,诞生了各种切实可行的事业。

2010年,为了进一步打造生物质产业,市内外的研究机构、大学及民间企业联合当地的企业共同开展生物质技术的研究和开发，同时还建立了培养生物质相关人才的培训基地。曾被逼到死亡边缘的真庭市就此获得新生，成为了一个生物质的城镇。

新的产业创造出新的就业机会。2008 年度诞生了"生物质仓储基地"，这是一家将弃置山里的间伐木材切碎并加工成燃料用木片的工厂。就这样，一直以来只出不进的年轻人开始返回家乡。28 岁的樋口正树便是其中一员。高中毕业后，他因为在真庭找不到工作，曾去冈山市就职于一家大牌的汽车销售公司。如今，他已回到家乡，正自如地操作着起重机，搬运间伐木材。本来他以为收入会减少，但其实少的也就是奖金，每个月的收入基本没有太大变化。更重要的是，他爱上了这份被木材的清香所包围的工作。

"这份工作一旦做起来就会觉得很有意思。我发现这种流着汗在自然中生活的方式很适合自己。原以为木材产业已经过时了，后来知道生物质其实走在时代的最前端，这让我感到自己所做的事情很有价值。"

真庭市的经济开始复苏。这个 20 世纪被全球化遗忘的地方，通过将木材放在能源这个位置上后，从外部购买的能源开始减少，各种产业被激活。"这是让地方走向自立的 21 世纪的革命。"中岛这位一直以来带领着大家不断向前冲的中心人物自豪地说。

"要吸引人们来投资建立新工厂是非常困难的。然而，只要能建立起一个活用眼前已有东西的体系，就能让经济循环起来，同时也能给当地带来就业和收入。"

2013年2月，中岛开始着手准备一个更大的项目。铭建工业、真庭市、当地的林业以及制材行业协会等一共9家机构共同出资建立了新公司——"真庭生物质发电株式会社"。计划2015年建成并启动一家输出能力为1万千瓦的、以木材为燃料的发电厂。输出能力是中岛的公司发电站的5倍。按照计算，可以满足真庭市一半家庭的用电。原先只有中岛一个人在做的电力事业，现在加入了这么多团体，其中，有关电力购买的社会环境发生的巨变也起到了很大的推动作用。2011年的福岛核事故之后，过去一千瓦3日元的收购价因为同年8月成立的《可再生能源特别措施法》而一下子得到了大幅度的提高。以木材加工中产生的边角料作为燃料发的电，价格为一千瓦25.2日元，以间伐木材作为燃料发的电更是涨到了33.6日元。出于市民要求购买自然能源的压力，电力公司也不得不接受这个变化。

建设发电厂总共需要41亿日元的经费，除去政府补助金以外还需要23亿日元，很快就有包括大银行在内的三家银行提出愿意提供融资。中岛回想起在建设第一家发电站时哪家银行都不愿融资的日子，真是恍如隔世。新的发电厂将于 2015 年 4 月启动。一旦运转起来，这里恐怕就是全国最早尝试以整个地区为单位开展生物质发电的地方了。到了那时候，将有更多的收入和就业机会在地方上流动起来。

## 21 世纪的新经济神器——"生态炉"

和真庭市一样吸引我们的革命舞台另外还有一个，那就是位于广岛县最北部，与岛根县、鸟取县、冈山县交界的小镇庄原市。这里也是位于山阴山阳怀抱的、拥有丰富的自然资源的里山。从另一个角度看，是典型的人口空洞化、老龄化的地区。这里居住着 4 万多人，老龄化（65 岁以上人口）比例将近 40%。

就算在庄原市也是很偏僻的总领地区，有一个人在推广真正的"富足的生活"。他将日本人一直以来非常珍惜的里山生活进化成了一个现代版。他叫和田芳治，70 岁。他每周一次，到自家的后山捡拾树枝。最近，他从邻居那儿买下了 1 公顷的后山，一共只花了 9 万日元。

过去，对于日本人来说山是重要的财产，能为人们提供优质的木材，还有柴火、木炭这样的燃料。到了 1970 年前后，有一段时期 1 公顷山地的价格甚至高达

90 万日元。可是后来，山里的树没人用了，到了今天，只需花以前十分之一左右的价格就能买下来。

然而，和田并不认为山的价值降低了。相反，他认为山有着无限的价值。他看到了机会。

"这里的后山全部都是燃料，可这只要 9 万日元哦。想象得到吗？这是可以用多少年的燃料啊？"

那么，他究竟打算如何利用这山里的树呢？和田花 30 分钟捡了一篮子的树枝就回家了。那里有一个"秘密武器"在等着他。

"秘密武器"的样子看上去非常简单：一个 50 厘米高的 20 升容量的铁桶，侧面装了一个小小的 L 型不锈钢烟囱。

这就是"生态炉"。

生态炉，名字虽然叫炉，但并不只是取暖用的，还能用来煮水做饭，发挥巨大作用。只需要四五根树枝，就能在 20 分钟内煮出夫妻两人份的米饭。

使用方法也很简单。烟囱里放入易燃的锯末用来点火，然后添加树枝，二三十秒内就会燃烧起来。火苗一开始是往正上方蹿的，过了一会儿，就自然地改变方向往横里走，流向炉身。这个装置能够让所有燃料都用于食物的加热，所以四五根树枝就足够了。

生态炉是手工制作的，费用很低。油桶可以从加油站当作垃圾免费得到，不锈钢的烟囱和作为隔热材料使用的土壤改良材料可以从日常生活装修用品销售店买到。总共有 5000 ～ 6000 日元也就够了。制作方法当然是需要人教的，但即使是女性也能在 1 小时内制作完成。

生态炉成本低，燃烧功率高，并且制作简单。和田家每天早上都用它来煮饭。因为不用电饭锅，所以每个月的电费能节约 2000 日元左右。不仅如此，做出来的米饭油光发亮，特别好吃。据说，曾经有位拜访和田的客人请他用生态炉"煮饭看看"，结果吃了之后忍不住说了句"糟了"。

原来他是大感后悔："前几天刚刚买了一个七八万日元的电饭锅，饭的味道和煮出来的完全不一样，这个更好吃！"

当然，还是电饭锅更快更方便。和田想要让人们明白的是，正是宁可多花的这些工夫为我们的生活带来了真正的富足。

"或许有人会觉得，每次煮出来的米饭味道可能都不一样，需要很小心地使用，而且还要放入不同的柴火等等，很不方便。但这不正是好玩的地方吗？最后，煮出可口的米饭，吃起来是三倍的香甜。使用这样的工具，节能也可以是件快乐的事情了。"

靠这个生态炉不但每天过得很开心，而且和田认为还能让荒废已久的山林重现生机。

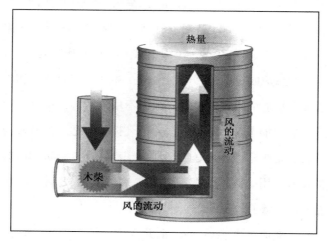

生态炉的工作原理

里山的秘密武器"生态炉"

只要把山当作燃料的来源地，就能获得取之不尽、用之不竭的燃料宝藏。山上的树砍了之后还会再长，是可以再生的资源。也许有人认为砍掉不就没有了吗？其实相反，山上的树木只有定期采伐才能维护良好的生长环境。

适度地"间伐"能让树和树之间保有合适的空隙，这样就会有足够的阳光照射进来，树木和小草就能尽情地吸收二氧化碳。高龄的老树吸收不了多少二氧化碳，而生长旺盛的小树则能不断地吸收二氧化碳，吐出氧气。据说二氧化碳的吸收量要比燃烧树木排出的量还要多。

像这样能在趣味中帮助我们重建美好环境的工具就是生态炉。

## "靠里山吃里山"

生态炉原先是 20 世纪 80 年代美国发明的，被称为"火箭炉"。和田第一次听说也就是几年前的事。2011 年地震前的新年，他参加了庄原市举办的一次火箭炉推介会，当时真是眼前一亮。

"这下子可有希望了。这个炉子既能大量地用到山里的树，又能让山的环境变得更好。当时就觉得'能实现靠里山吃里山'了。煮出可口的米饭这一点对于实现美好的里山生活真是太重要了。我凭直觉感到，不仅里山的人，大家都会想要这样的工具的。"

然而一般造火箭炉要用到大约一个孩子那么高的大油桶，而且还会用到砖，非常重，没有办法搬运。于是，有一个合作者试着对它进行了改良，用比油桶小一圈的铁桶制作了同样构造的一个炉子，这也就是它现在的样子。

　　有了称心武器的和田先生，开始加速推广里山生活的好处。他的口号是"让我们靠里山吃里山吧"。"吃里山"这种说法是来自和田的幽默感。人去山空，里山日渐荒废。这种说法表达了他的决心，那就是要让这里被遗忘的资源重新见到阳光，充分得到利用。当然，他绝不是说要让人们重新回到战前的生活方式，否定使用电力的便利生活。这些东西当然也要用，但同时再重新审视自己身边，看看有没有不花钱也能过得快乐的方法。于是，新点子一个一个地浮出水面。就是像这样去实现"零成本"的生活。

　　和田早上一起来就往附近的小河跑，为的是去采摘河里的西洋菜。既能放在大阪烧里，也能用它来做汤。野草是蔬菜的原点。自家地里种的菜也不用农药，可以把割下来的杂草当作肥料。在这里也一样不需要花什么钱。

　　地里长着一样可以和生态炉相提并论的秘密武器，那就是南瓜。南瓜表面在受伤后，过了一个星期，伤口部分就会突起，利用这个原理，可以在南瓜上写一些诸如"非常感谢""祝您长寿"这样的文字。像这样刻着独一无二的祝福语的南瓜就是比任何名牌都要让人高兴的礼物了。和田常常从别人那里收到各种东西，于是就把它作为回礼赠送，并称之为"交欢（交换）品"。

"有时会把自己做的烟熏萝卜干、竹轮（圆筒状鱼糕）什么的放到奶酪里，回赠给那些送给我各种礼物的人。这是用来物物交换的武器。这种喜悦是不能用金钱来衡量的。"

不是因为没有钱，而是因为好玩才物物交换的。

想来农村生活里比花钱更有意思的事简直太多了。用来做色拉的蔬菜，在做的前一刻还浸在屋后的泉水里。冰凉的泉水不像冰箱要花钱，而且还足够丰富。和田是这样解释的：

"举个例子，到了五月左右，青蛙开始了大合唱，吵得人没法睡觉，山谷里成双成对的黄莺多到有五六组，世外桃源应该就是这个样子吧。然而，至今为止这样的乡村都被当成了牺牲品。这是因为一直以来我们只用挣了多少金钱这个尺度来衡量事物。在牺牲乡村的基础上，建立起都市的繁荣，如果不改变这种单向发展的结构，日本是不会长久的。总有一天会出大问题。"

在冈山县的真庭市，我们也找到了志同道合的人——用木质燃料来供暖的宫崎浩和、八木久美子夫妇。几年前，他们放弃了名古屋的都市生活搬到真庭，一边从事正骨的工作，一边在家门前租了一亩地，自己种蔬菜自己吃。煮饭不是用生态炉，而是用以稻壳作为燃料的炉子，可以称之为"稻壳炉"。看到他们利用这些不依赖电力的里山工具，我们不禁感到自己的生活方式开始过时了。久美子说，利用身边已有的东西，过适合自己的生活让她很安心。

"时代是到了需要我们重新审视自己生活的时候了。现在很多人都活得很不安。其实，只要去看去寻找，就应该能发现更多大自然赐予我们的、可以充分利用的资源和宝藏。"

他们绝不是放弃了文明的生活。他们选择这样的生活方式是为了找回那些被文明所遗忘的东西。而在我们这些过着仅仅是便利的生活的人眼里，他们的生活才是走在时代前面的、时尚的生活。

## 什么也没有，也意味着什么都有可能

话虽这么说，和田也并不是一开始就对乡村生活持乐观态度的。

和田的父亲战死在太平洋战争中，爷爷也是在二战结束的那年去世的。因此，他和妈妈、奶奶三个人不得不到山里耕地。和田于 1962 年从当地的高中毕业。两年之后就是东京奥运会了，当时整个日本都处在高度经济增长时期。同一年级的 58 个同学中居然有 56 个人一毕业就去广岛市或者关西地区的都市里就业了。剩下的就是和田和他在邮局找到工作的一个朋友。和田居住的村落也从 13 户人家减少到 4 户。

"乡村一直存在着这样一种氛围，那就是不去都市你就完蛋了。大家只想轻松地生活，追求美妙的人生。正当同窗们在高唱青春之歌的时候，我却在山里拿锄头耕地。有时候脑海里会忽然浮想联翩——比我小一届的那个可爱的女生现在正耀眼地走在都市的大街上吧，而我为什么要在这里做这些事呢？"

和田回想着当时自己心中关于农村的自卑感，然而这种自卑感也正是和田能走到今天的原动力。

"同时，我也在心里默默发誓，迟早让大家刮目相看。虽说'对抗东京'其实是'向往东京'的另一种表现，但这正成了我的动力。我确实有这个情结，但我更是能把它变成动力的那类人。"

农村应该有当地人都没有注意到的特有的魅力吧。这个想法是和田在从事农业之余，去村公所里兼职干农村振兴工作的时候产生的。之前和田一直批评当地政府，于是区公所就把吸引企业投资的工作派给了他，并说："既然你意见这么多，那振兴工作就交给你来做。"然而，和田觉得光靠吸引投资并不能让农村活下来。

"你要知道，当地政府在问县里或是中央要拨款的时候，是怎么对广岛和东京说的吗？他们不是说'我们这个镇可是很棒的地方，所以请给我们一些支持'，而是说'我们镇上有这么多的问题没法解决'。不管是不是真心这么想，可以说是为了拿到补助不惜贬低自己。然后，拿到的钱尽是用来模仿东京和广岛这些都市的做法，把他们吃剩的冷饭炒个两三遍。照这样下去，我们永远只能跑在最后面。确实，在这个充满困境和人口空洞的地方找不到可以和他们竞争的武器。但是，什么也没有，反过来看，不就是表示做什么都有可能吗？"

## "人口空洞"地区的大反转

有一天，和田接到任务，要策划一个向都市人宣传展示的活动。找了半天，最后发现的是之前从来没有认识到它价值的一种花。那是菟葵（日文汉字写作"节分草"），每年到了2月份就会开花，村里到处都是，一点都不稀罕。有人告诉他，其实这种花只开在满地滚着石灰质的石头、夏天凉爽、早春又能晒得到太阳的地方，在日本也是非常罕见的一个品种。

于是，和田举办了菟葵祭。没想到这种花朵直径只有2厘米、长得楚楚可怜的小花居然吸引了大量的人群前来观赏，之后，就成了每年的保留活动。现在，此地作为西日本第一的菟葵自然生长地而闻名全国。这次的成功经验让和田领悟到，原本一直认为没有价值的东西其实是有可能成为社区建设的武器的，正因为这是东京没有的东西，才创造出不同于东京的魅力。都说乡村都快要被杂草淹没了，其实仔细看的话，就会发现这些杂草正是闪闪发光的宝贝呢。

自此，和田开始对推广里山有了信心，并在30多年前，也就是1982年的时候，建立了"人口过疏反转协会"。就像这名字一样，协会的成员们相信"人口空洞"也可以给社区建设带来特色。他们带头呼吁大家加入。于是，不单是总领町，附近市町村里负责地区振兴的人也纷纷响应。

"说来也怪，之前我一个人在那里上蹿下跳，鼓动大家搞社区振兴的时候，就有人说，没见别人在搞嘛，也有人说，就你在瞎起劲吧。于是我就想，不只总领町，我得让周边地区对社区建设有兴趣的人也动起来，如果大家竞相开始社区建设，那我就不会那么突出，拖我后腿的人也该少些吧。"

从他的这些话里我们能感受到，在人口空洞的地区开展地方振兴是多么难的一件事。农村的风气一直以来都很保守，引人注目的行为总会遭到妒忌。然而，和田却能将这些妒忌变为动力。

"就时代而言，我们毕竟只是支流，主流还是都市。但是，支流和逆境一直是我的动力。"

不知是因为这些经历，还是天性如此，不管再怎样消极的语言，和田总能积极地进行解释，变被动为主动，通过文字游戏去乐观地看待有着负面形象的农村生活。

这里介绍几句和田语录。

和田不把上了年纪的人称为"高龄者"，而叫他们"光龄者"（两者日语发音相同），意为有着丰富的人生经验，"到了闪闪发光的年纪的人"。如果说"农村里只有高龄者"，就会给人留下"都是些没有用的人"这样的印象，但如果说"有很多光龄者"，就会让人觉得有很多生活上的达人，没有任何让人羞愧得抬不起头来的地方。

"省能"（节省能源）也被写成了"笑能"（两者日语发音相同），也就是说笑着使用能源。"省能"这样的词，总是给人需要忍耐的印象。这样的话就不会持久。那我们不如快乐地使用能源。用生态炉的话，大家能笑着生火。有了笑能，从身体到心里都是暖暖的。

然后，他还把在里山生活的伙伴们称为"志民"，而不是"市民"(两者日语发音相同),意为"有志向的人们"。就像明治维新时代活跃的那些志士一样。是为了他人、为了当地、为了社会,能自己行动的人,而不是把所有事情都交给行政或政府。是那些乐于贡献自己所有、乐于为大家贡献力量的人。有笑容的人出笑容,能为大家流汗的人流汗,拥有智慧的人出智慧,然后有钱的人出钱。就这样,志民们所提供的力量被称为"第三志民税",与直接税、间接税并列,成为非金钱的巨大力量。正是这种力量为里山带来了生机。

"我通过人口过疏反转协会等方式开展这样的志民运动。当然,不管哪个时代,人们都会责怪是政府不好、父母的错。但是,自己的人生由自己来创造,这样想不是更容易获得幸福吗?所以我才会呼吁大家成为志民。"

## 找到了可以向人们炫耀"富足生活"的工具

和田家附近有一条河,名叫田总川。和田听说河里的外来物种大太阳鱼和大型黑鲈的数量越来越多,于是就提议:"一般都说这些鱼不好吃没法吃,但我们就来试试,花点心思好好烹饪一番,说不定就能变得很美味呢。"在当地渔业协会和中小学生的协助下,和田他们建立了"吃光田总川协会"。听说野猪和野鹿糟蹋山下的菜地，和田他们就想出用这些"害兽"的肉来做火锅，还参加了创意火锅比赛。

用反转的思维来看周边，本来觉得没用的东西也会忽然变成宝贝，原以为什么也没有的地方，一下子就变成一座宝山。和田就是这样和他的伙伴们一起持续地开展活动，传递里山生活的乐趣。

"为什么我们老是在说快乐的事情，因为如果不快乐就没法吸引人到这里定居。要论赚钱，那是怎么也比不过都市的。但是，如果不花钱也能过上富足的生活的话，那么我们觉得里山和地方会比都市更有趣。"

经过了 30 年的岁月，对和田哲学产生共鸣的人越来越多。到了今天，和田的伙伴，从北海道到九州，到冲绳，遍布全国的各个角落。他们交换着各种新点子，让里山生活不断进化。

然而，和田他们却没有找到什么百分之百能够吸引都市人的东西。2011 年年初，就在开始产生这种感觉的时候，他们遇到了生态炉。

"在此之前，我们其实就是通过举办一些推广活动来传递里山生活的乐趣。接下来，我们就要开始依靠工具了。因为有了这个生态炉，我们就开始用'会说话的工具'来吸引大家。"

于是，和田他们就开始在各地举办"生态炉讲座"。

大家七嘴八舌地在一起做炉子，围着火炉做饭。参加的人不管是谁都被生态炉的高性能所惊到；然后，当他们吃到可口的米饭时，会再次被惊到。

就在这时候，日本发生了"3·11"大地震。大城市里一会儿停电，一会儿物流受阻，便利店里商品销售一空。人们开始意识到，原先觉得理所当然的东西，其实并不是那么理所当然。

要求办生态炉讲座的邀约开始增加，参加者也越来越多，多的时候一次就有50个人。从灾区岩手县也有人来要求传授生态炉的做法。和田越来越有信心："一直都在追求便利的日本人开始转变了。

"越来越多的人对生态炉表示出兴趣。虽说我们之前也一直在叫着'里山生活最棒'，但是人们总是没法一下子就能明白。然而，以大地震为契机，有人开始对过度依赖电力、无节制地用电、不脚踏实地的生活，以及无法直接获得食物的生活产生疑问。从'钱最重要'转变为'有比钱更重要的东西'，这个时候生态炉就是最好的工具。"

话虽这么说，和田并不认为只要有了生态炉，就能让大家放弃核电站。

"有人会说：'难道光是做一个生态炉就能让核电站停下来吗？'尤其是当媒体也开始报道时。于是，我们做的规模越大，越是有人会这样说。如果是过去，我可能会回答'可以'，而现在我则开始回答'不能'。但是，'笑能'给人带来欢乐，而生态炉具有诞生笑能的力量。"

不能把债留给未来的孩子。这是和田今后的目标。

虽然不能阻止核电站的发展，但是可以在里山实践与"无节制地用电"不同的生活。正是21世纪的里山生活能让人们看到这样的价值。

"虽然城市需要无限量地供应电力，但是农村的话，在一定程度上是可以自己来确保能源的。从这样的生活中感到乐趣的人，如果能再次回到里山，那这里就会变得更美，而城市也会变得更有生机。如果地方上没有生机，那最终城市也不会有生机。工商业再发达，如果周围没有来购买产品的农民也不行；老板挣得再多，作为消费者的老百姓如果不富裕，那也无法保证经济了。"

到了傍晚，在和田由牛棚改造的"里山生活据点"里，慢慢聚集起他的伙伴们。大家围着火炕开起了宴会。毫无疑问，生态炉上搁着那个煮饭特别香的锅。味噌汤里是从河里打上来的短沟蜷。旁边摆着铺满山菜的披萨。

对了，和田有个跟他语言游戏技能一样高超的特技，那就是唱歌。他甚至还能自己作词作曲，真是让人不服不行。就是这样的和田，用男低音唱出的里山生活的赞歌，今晚也同样在这山中小屋里回响起来。

"为你的汗水干杯！为你的笑容干杯！让我们的歌声，让我们的心走到一起，加油！"

愉快地干杯之后，在笑声不断的酒席上，和田今天也不例外地开始大谈他的基本理念。

"不要再让我们的儿女那么拼命努力，只为离开他们的故乡。不要再自我否定，跟他们说不要像你的父母那样失败，留在农村。时代不一样了，新时代的帷幕已经拉开。"

# 第二章　21世纪的先进国家奥地利

——与欧元危机无缘的秘密

（NHK广岛采访组　夜久恭裕）

## 不为人知的超优良国家

2009年10月，希腊政府公布的巨额财政赤字引发了欧元危机。火势很快蔓延到意大利和西班牙，整个欧洲由此陷入巨大的混乱之中。

就在这样的情况下，或者说，正是因为这样的情况，大量的货币涌向欧洲。各种对冲基金同时开始大量买入与国债联动的名为CDS的金融产品。他们拿出"市场的评价"这个听上去冠冕堂皇的理由，抛售希腊和意大利等国家的国债，令后者价格暴跌（利息上升）。因此，各国不得不采取财政紧缩政策，将本来就备受高失业率之苦的老百姓逼入了更加痛苦的深渊。而这些对冲基金对此却视若无睹，高举盛满高级红酒的酒杯庆祝。货币的猛兽终于开始将国家的价值都视为自己的口中之食了。

正当货币的暴风席卷欧洲的时候，有一个国家成功地将其影响控制在了最低程度，那就是奥地利。

说起奥地利你会想到什么？诞生了莫扎特和舒伯特的音乐之国？以萨赫蛋糕为代表的巧克力王国？其实远远不止这些。奥地利实际上是经济非常稳定的健康优良的国家。

　　这可以从各种指标上看出。根据日本贸易振兴机构（JETRO）在2011年公布的数据，奥地利的失业率为4.2%，是欧盟成员国中最低的。人均名义GDP为49688美元，处于世界第11位（日本是第17位）。2001年对内直接投资额为101.63亿欧元，是前一年的3.2倍；对外直接投资额也有219.5亿欧元，是前一年的3.8倍。对内对外都恢复到了"雷曼事件"前的水准。

　　那么，为什么人口不满1000万的小国奥地利能有如此稳定的经济呢？它的秘密正是里山资本主义。

　　奥地利和前一章介绍的冈山县真庭市一样，建立了通过全面利用树木来取得经济上自立的目标，并以国家规模开展活动。

　　奥地利国土面积正好与北海道差不多大，森林面积只有日本的15%左右，但是木材的年产量却比日本全国的还要多一些。接下来，让我们去探寻一下森林先进国家奥地利的秘密吧。

奥地利人非常珍惜他们最亲近的资源——树木。

因为听说能看到传统的里山生活，我们访问了位于奥地利北部的拉姆绍村。这里位于阿尔卑斯山麓，蒂罗尔风格的传统建筑散落其中，构成了一派田园牧歌的风景。几乎所有的家庭都过着一边经营接待冬季滑雪者的民宿，一边养牛放羊的生活。

每户人家的屋檐下都是高高的柴火堆，不管是做饭还是取暖，他们都用木柴生火。

"用柴火烤炉做出来的肉可是超级美味的哟。"女主人非常得意地说。

有位老人家，每周都召集他的伙伴们到昔日的伐木工小屋，大家一起唱着约德尔山歌，吃着伐木工的早餐。我们仿佛在奥地利找到了庄原的和田。

正当我感叹他们不管过去还是现在都一直过着同样的生活时，忽然听到了一个意外的话题。

"重新发现这样的生活其实也就是几年前的事情。奥地利也和其他地方一样，就在十年前，我们的主要能源还是石油和天然气。"

为了准备过冬，男人伐倒自家林子里的树，劈成柴禾。看着堆成山一样高的木柴，他自豪地说："只要有了这些，即使发生能源危机，我们也不用怕了。"

## 林业正在重生为最先进的产业

四年一度，来自世界各地的考察团都会造访这里。他们是来参加在这里举办的世界最大规模的林业机械展——奥地利林业机械展（Austrofoma）的。说是展览会，它的规模可不是日本的"幕张 Messe"国际展示场或者有明竞技场所能比的。这里是拿整座山来当展览会场。那些让奥地利人自豪的、充分利用森林资源的最尖端的技术整齐地排列在那里。2011 年我们到此采访的时候，也有大约 100 位来自日本的木材产业相关人员来此访问。

在欧洲，虽然瑞典和芬兰这些北欧国家的林业也很发达，但是他们所经营的都是平地上的森林，对于山势险峻的日本来说，他们的技术很难作为参考。而被阿尔卑斯山所环绕的奥地利的群山则与日本的一样陡峭，在这里培养出来的技术据说也易于引进到日本。

Austrofoma 展共有 100 家左右的企业参展。这里展示的在日本所看不到的、最尖端的机械的现场操作，让人们看到了它们的实力。

被称为绞盘机的是可以用绳子将大量木材一下子从山上运送下来的最新机械。还有可以将木材加工成木片的削片机。整整两天，就在山里转得气喘吁吁的时候，我们开始意识到，在奥地利，新的机械和技术正在不断地被开发出来，林业在我们不知不觉中已经重生为最先进的产业了。

　　长久以来被看作夕阳产业的日本林业的相关者此刻都不由得叹了一口气。

## 最新技术支持里山资本主义

　　接下来我们到访的是奥地利最先进的木材加工厂梅尔-梅恩·霍夫公司。它位于奥地利第二大城市格拉茨郊外的莱奥本。该公司拥有约 3 万公顷的森林，一年能提供 130 万立方米的木材。与超过 10 万立方米木材就被看作大厂的日本相比，其规模是后者的 13 倍。该公司从山中伐木到加工、到生物利用，业务范围极广。对于人口只有 2.5 万的小镇经济来说，起到了中流砥柱的作用。此外，莱奥本还制造奥地利最受欢迎的地方品牌啤酒歌瑟，它的热能据说就来自梅尔-梅恩·霍夫木材公司。他们把后者在生物发电时产生的热水用管道接引过来加以利用。

　　梅尔-梅恩·霍夫木材的卖点不仅是在生产规模和发电设施上，还为木质颗粒燃料，也就是真庭市也在活用的能源，建立了供全镇利用的系统。

　　听说能看到有意思的东西，我们便跟着来到了工厂的一角，那里是欧洲为数不多的木质颗粒加工厂，年产 6 万吨。

将木质颗粒运送到各家各户的运输车

　　然而，他们让我们看的不是工厂本身，而是设施旁边停着的运输车。运送的当然不是石油，而是木质颗粒，并且还是送到个人家庭的。木质颗粒又小又轻，所以能像汽油一样运送。

　　既然已经到了这里，我们便想实际观摩一下使用木质颗粒的家庭。于是我们提出了想法，并获得同意去参观了当天要去送货的一个家庭。佩塔·布莱姆先生愉快地接受了我们的拜访。他们是在 4 年前建造新家的时候安装的木质颗粒燃料热水器。运输车到达后，两根管子被接到了布莱姆家的储藏库。"看仔细了！"司机说，与此同时机器开始运作，一根管道将木质颗粒快速地输入储藏库，而旁边的另一根管子则从储藏库里将烧剩的灰烬迅速地吸了出来。

见我们看得目瞪口呆，布莱姆先生高兴地把我们邀请到他家的地下室。那里放着一台一人高的方形机器，这就是木质颗粒燃料热水器。让人吃惊的是，刚才所看到的从木质颗粒储藏库到地下热水器，都是全自动的机械控制系统，可以按需供给燃料。不仅如此，热水器烧好的热水还会通过布满整个住宅的管道输送到各个房间，用于地暖和热水供给。也就是说，住户无需接触木质颗粒，只用一个开关就能使用整个装置。

据布莱姆先生介绍，一个季度需要购入木质颗粒的量是 5 吨，每吨 219 欧元，所以大约需 1100 欧元（按作者执笔时的汇率，约 13 万日元）。这样就能提供 300 平方米所用的地暖和热水了。这和之前用电时的费用几乎没有差别。布莱姆先生觉得能够利用当地木材这一点非常有吸引力，所以便引进了木质颗粒燃烧系统。他笑着向我们展示道："最重要的是完全没有煤油那样的气味。"

## 口号就是"打倒化石燃料！"

奥地利已经建立起能让人们方便舒适地使用木质颗粒燃料的自动化系统。去参观热水器制造商的时候，我们感受到的是充满了"无论如何都要取代化石燃料！"这种气氛和决心。

这里是被评为世界遗产的萨尔茨堡。在其 15 公里之外的郊区有一家名为温达格（Windhager）的公司。

玄关处整整齐齐地排列着以白色为主色调，然后配上红、蓝或灰色、双色高雅的热水器。温达格公司制造的木质颗粒燃料热水器具有设计优美的特点，放在客厅里也让人感觉很协调。负责设计的是在日本也很有名的越野摩托的制造商。吸引我们注目的是热水器前方安装的玻璃窗，从那里可以看到木质颗粒灼灼燃烧的样子。昔日使用暖炉的记忆深深印刻在奥地利人的心里。他们说，像这样看到火焰能使他们感到安心。

然而，最关键的还是它的心脏部位。

燃烧装置的开发室里，二十多名技术人员正一边看着显示屏里的 CAD（计算机辅助设计）画面，一边热烈地讨论着。人人都充满了干劲，要从奥地利的这个角落诞生出世界最尖端的技术。

担任主工程师的男士嘴上虽然说"这是企业机密"，接下来却还是给我们讲解了他们令人惊异的技术。这家公司从 1998 年开始开发木质颗粒燃料热水器。一直以来投入精力最多的就是如何提高燃烧功率和抑制废气的排放。

木质颗粒燃料热水器是将木头燃烧时产生的碳化氢与氧气进行混合后燃烧。这里的关键是燃烧温度，太高太低都不行。因此，他们进行了各种尝试，比如将与氧气混合的时间点分为一次、两次两个阶段，或者调整碳化氢和氧气的混合比例等。通过这些方法，成功地将一氧化碳和碳化氢排放量降低到最低。

此外，他们还致力于大幅减少木质颗粒燃烧后排出的灰烬。

据说为了能够按照客户所要求的任何一种木材制造木质颗粒，技术人员一开始花了好几年的时间对森林里的树木以及废弃的木材等各种不同种类的木头进行调查。最终，他们研发出自动判断燃料材质的技术，并且成功地将灰烬减少到 0.5% 以下。

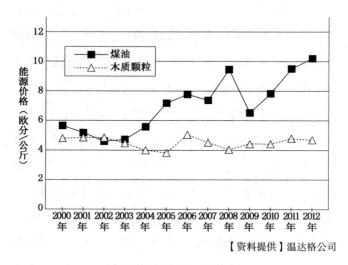

【资料提供】温达格公司

**煤油和木质颗粒的年均价格**

"我30年前进入公司的时候，公司正在生产燃烧木柴的炉子，燃烧效率是60%。而现在已经成功实现了92%～93%的超高燃烧效率。"

目前，木质颗粒燃料的性价比已超过了石油。

通过提高燃烧效率，2公斤木质颗粒燃料可以产生1升煤油的热量。如果换算成价格是怎样的呢？在我们进行采访的时候，1升煤油大概是80欧分，相比之下，产生同样热量的木质颗粒燃料只需要一半的价格，即40欧分。也就是说，木质颗粒燃料的性价比是石油的2倍。不仅如此，因为近几年原油价格的上涨，差价变得更大了。

当然，仅仅比较燃料费是不公平的。很可惜，木质颗粒燃料热水器本身的价格还是要比以油为燃料的热水器高很多。温达格公司生产的标准热水器一台要1万欧元（按作者执笔时的汇率，相当于127万日元，但是这样的一台热水器就可以供应所有房间的暖气和热水）。与石油热水器的差价为3000～4000欧元。但是，温达格公司预测这个差价的消失只是个时间的问题。奥地利政府对于木质颗粒热水器所提供的大幅度的补贴送来了东风，各制造厂家都在尽全力降低热水器的价格。技术人员信心十足地表示，再过几年，机器本身的价格将不再成为一个问题。

10 年前，石油热水器的年销量大约是 3.5 万台，而木质颗粒热水器几乎为零。虽然现在木质颗粒热水器的年销量依旧不足 1 万台，但是温达格公司的目标是，5 年后的年生产量提高到 3.5 万台。

　　然后，再看包括奥地利在内的整个西欧，400 万台的暖气设备中，生物质热水器只占了 10 万台。

　　温达格公司坚信今后 10 年里，这个数字将增加到 50 万台，甚至 100 万台。

　　"从燃烧效率来说，技术已经达到几乎没有任何改善空间的完美程度了，因此，今后要做的就是让热水器价格降到人人都买得起的程度。木质颗粒燃料行业已度过了蹒跚学步的阶段，并且毫无疑问将成为能源供给的重要支柱。"

　　这是决意要做出完美产品的技术人员的热切期望。奥地利原本就是通过为具有世界最高水准的德国汽车提供零部件而发展起来的国家。因此，他们基础性技术的水平非常之高。在欧洲国家中，奥地利人的严谨被认为仅次于德国，而木质颗粒热水器可以说正是他们这种气质的产物。

　　回过头来看，在勤勤恳恳研磨技术这一点上，日本人当然也是世界级的。正是这种制造精神将日本送上了世界十大经济体前列的位置。

奥地利选择的不是其他国家都在做的大量生产、大量消费型的技术，而是领先一步，将这种利用身边资源的技术不断地提高到了极致。日本不也可以选择和他们同样的道路吗？

**具有独创性的技术将带来更多的就业机会**

奥地利为什么能这样将大量精力投入木质颗粒热水器的技术革新呢？我们就此访问了从 15 年前起就在温达格公司参与开发热水器，如今担任开发部部长的约瑟夫·戈吉格尔先生，问及他的想法。

然后，我们从中看到了与冈山县真庭市相同的蓝图——脱离对外部资源的依赖，从而实现里山资本主义。

"奥地利从根本上来说是一个小国，但是，具有独创性的人才非常多，很多中小型企业一直以来都在想方设法摆脱大量生产型的市场。其背景之一便是在 20 世纪 90 年代人们就已经意识到石油和天然气迟早都会枯竭。

"和日本一样，奥地利的地下资源也很贫乏。一直以来，他们依赖中东的原油和俄罗斯的天然气。因此，每当国际局势发生动荡，能源危机便随即而至。他们亲身感受过主动权掌握在他国手中的恐惧。

"说到石油和天然气，我们不知道一直以来给我们提供能源的东欧管道今后是否也能稳定地使用，也无法保证中东局势能保持目前的状况。说到底，就连原油究竟能挖到什么时候都是个未知数。不管你愿不愿意，都必须考虑到化石燃料用完后的时代，并开始做准备。我们公司把这个现实看作一个巨大的契机。无论未来的能源将是什么样的形态，都不可能比现在更便宜了。对于奥地利人来说，比起从中东国家用船运来的原油，我们身边的资源更值得信赖。"

他们考虑通过用木质颗粒替换石油和天然气来守护自己的安心和安全。

"巧的是，萨尔茨堡周围离这里 10 公里的地方已经有了木质颗粒制造机公司。这为我们提供了开发全自动运转的暖气装置的动力。木质颗粒的原料能够在当地获得。木屑可以从农户、木材厂或者家具厂那里得到。可谓具备了可持续的供应链。'可持续性'这个词是我们最大的原动力。"

对于劳动力市场来说也是一样，木质颗粒能带来天然气和石油所没有的、巨大的可能性。光是进口原油和天然气是不会增加就业机会的。

在木质颗粒以及以它为燃料的热水器的生产技术方面，奥地利远远领先于其他国家。如果培育其他国家所没有的产业，相关技术自然也就需要独自开发，劳动力需求便会因此得到提高。

例如，热水器的点火装置。奥地利有六七家木质颗粒热水器的制造商，不管哪家过去都是沿用石油或天然气热水器用的点火器。然而，在追求燃烧效率的过程中，专用的点火器得到了开发。现在，所有的点火器都是在奥地利国内生产，很多人因此获得了新的工作。

制造木质颗粒的机器也是一样。木质颗粒看上去很简单，但实际制造过程非常复杂。压缩木材，然后进行各种加工、干燥、再压缩，必须让它符合严格的规格要求。

奥地利有好几家大企业向全世界销售他们的木质颗粒制造装置，每年木质颗粒的生产量达到 10 万至 30 万吨。因此，不仅萨尔茨堡，整个奥地利都产生了很多就业机会。

温达格公司的开发部部长约瑟夫·戈吉格尔坚定地表示，先于世界其他国家进入生物质的世界是出于对后代的责任感。

"不是我们想要或者不想要。讨论 20 年后、30 年后，或者是 50 年后还有没有石化燃料是没有意义的。我个人认为，到那时候，后代肯定会怨恨我们，因为没有尽早使用可再生能源。

"为了再生能源而工作不是负担，相反，是创造就业的绝好机会。奥地利已经开发了技术，现在全世界都需要掌握这些技术的人才。这和拼命抓住只为少数人带来好处的石油正好相反。500 年后，我们的子孙应该会称赞 21 世纪的人是凭良心做事的。不然的话，1000 年后的课本上将评价我们是不思进取的一代人。我们不能错过现在的机会。我们必须要有勇气和先见之明。这是一个巨大的挑战，同时也是我们的机遇。"

## 林业帮助我们守护"可持续的富足"

与此同时，人们自然会产生一个疑问——在山里砍了那么多的树，奥地利的森林肯定被破坏得很严重吧。

特别是在日本，至 20 世纪 80 年代，伴随着急速的经济增长，对木材的需求也越来越大，因此日本从东南亚和南美进口了大量的木材。对于当地森林的持续破坏成为社会问题。所以到现在依然是，一提到伐木，就会有不少人联想到森林破坏。

然而，他们是和日本人一样严谨的奥地利人。他们早已想好了对策。那就是被称为"森林管理师"的制度。

"森林管理师"这个词对于各个领域都盛行学徒制度的奥地利来说真是太"奥地利"了。那么，这是什么样的制度呢？

在奥地利，同样是"林业工作者"，根据其业务和角色，设置了各种不同的资格。

首先，是在山里从事伐木、木材制造、木材收集等工作的"林业劳动者"，也就是受雇的劳动者。他们从林业高中毕业后就能获得相应的劳动资格。

同时，还有管理森林的人。他们是拥有"森林官"或者"森林管理师"这样漂亮头衔的人。

其中，"森林官"管理500公顷以上的山林。虽然这么规定，但是能拥有如此大规模山林的几乎都是修道院，这个时候就要根据法律配备"森林官"来进行管理。要成为"森林官"非常困难，因其被认为具有很高的地位。

然而，70%的森林所有者所拥有的森林都在500公顷以下，也就是由家族或企业等所拥有的山林，规定要由"森林管理师"来进行管理。

那么，他们具体是做什么的呢？一般来说，他们要做的事情很多样，比如山林整体资源量的管理，决定一年内可以采伐的木材数量和伐木区域，还有确保销售渠道，等等。此外，根据学历和工作年限，以及之后通过考试获得的资格情况，会对他们有权管理的森林面积设置上限。

也就是说，"森林管理师"对于防止树木的过度采伐、实现可持续的林业而言是非常必要的职业。

实际上，子女从父母那里继承山林的时候，会去取得"森林管理师"的资格。自己伐木，自己管理。

"奥西阿赫森林研修所"专门培养这样的"森林管理师"。奥地利共有三家国立森林研修所，它是其中之一。奥西阿赫位于奥地利南部与意大利和斯洛文尼亚接壤的克恩顿州。当地有山有湖，湖畔是成排的传统住宅，是个风光明媚的田园小镇。

在这里，人们学习各种与林业相关的技能，从电锯的使用方法这样的基础开始，到不伤到周围树木的伐木方法，到使用绞盘机这种大型集材机械在山上设置架线，将锯倒的树木搬下山。

同时，还要记住与经营森林相关的各种知识。

我们观摩了在山里进行的课程。

上课时，老师们讲得最多的就是理念——林业不是追求短期利益，而是追求可持续的富裕。

这家研修所里划分出了两个区域，一个区域闲置了50 年没有人动过，另一个就在它的旁边，通过间伐等手段进行持续的管理。学生们通过观察比较，实际感受到健康的森林是何等美丽，树木长得何等高大挺拔。然后，师生们就哪棵树可以砍、哪棵树还不能砍等进行讨论、学习。

"既然拥有森林，那就要好好进行管理。通过管理，森林能保持健康。这样，今后也能一直守护下去。这就是奥地利的林业哲学。"

在日本，很多无法产生经济效益的山林没有得到间伐，被荒废在那里。与之相比，奥地利规定了山林所有者有义务对森林进行全面管理。

## 年轻人涌向山里

即便如此，在日本，说到林业工作，人们总是抱有危险（Kiken）、辛苦（Kitsui）、肮脏（Kitanai）这样的"3K"印象。那么，在奥地利是什么样的情况呢？

其实在奥地利，二三十年前也是一样，林业被认为是既辛苦又挣不到钱的工作。然而，如今这个认识得到了很大的改善。森林研修所的所长约翰·才侠（Johann Zöscher）认为有以下三个理由。

第一，最重要的是林业工作者的作业环境变得很安全。因为从事林业的人都有义务接受教育，所以学习的机会增多了，安全意识也得到了提高。

第二，拥有山地的森林农户开始认识到森林以及林业是能挣到钱的产业，同时也了解到，越多地接受规范的林业教育，便越可能在经济上获得成功。

在背后推动这种情况的是生物质利用爆发式的进展。森林因此有了新的经济上的附加价值。反过来说，森林所有者有了更大的动力去参与森林的事务。

并且，这个趋势今后还会持续下去。目前，奥地利的能源产量中约28.5%是可再生能源。欧盟提出目标，要在2030年之前将生物能源的比例提高到34%，奥地利同样以此为目标。也就是说，整个国家都要努力在这个领域进一步地推动下去。这对于林业来说，当然可视之为东风了。

第三点，所长一开始就强调"这一点非常重要"，他说，林业作为一项工作，它的内容发生了很大的变化，林业已成为"需要高度专业知识的工作"。

现在这个时代，已经不是光砍树就行的。从事林业意味着必须了解经济，拥有生态系统的相关知识，甚至还需要了解最新的技术。

另一方面，随着林业工作的体系化，越来越要求同事间、公司间能够相互合作开展作业。所以，从业者还必须具备社会交往能力。

就这样，对于具有高度专业性的职业，金钱上对等的价值当然也会有所提升。林业这个职业变得充满魅力了。

还有一件小事。我在森林研修所里遇到的那些年轻人，他们穿的工作服看上去也特别帅气。据说为了提高林业的形象，连工作人员的着装也得到了改善。

就这样，社会上对于森林工作者的印象发生了180度的转变。奥地利已经没有受"3K"印象困扰的林业工人了。

## 林业的哲学是"靠利息生活"

终于要向约翰·才侠所长提出最重要的问题了。

"你们的目标是对森林在一年中的生长量进行百分之百的利用吧？可是，如果不小心超过了百分之百，也就是说，砍伐过度了怎么办？"

他的答案非常简单明了。

"不会发生这样的事情。防止这种情况的最好办法就是教育。因为人们只要知道资源可获取的量，就会努力维持这些资源。我们的采伐不会让现有森林资源减少，因为我们只获取增长的部分。"

据说奥地利的森林调查进行得非常彻底。锯掉多少树，种了多少树，整个森林增加了多少树，对于这些情况会进行定期调查，根据调查结果来判断森林资源的收支情况。再根据收支情况，决定每年砍多少树。所以结果是，奥地利因为管理得很彻底，森林面积仍然在不断地增加。

也就是说，奥地利的林业不会去碰本金，而是只靠利息生活。这正是他们最根本的哲学。

不仅如此，最近他们开始研究如何开发能在短时间内，并且在任何地方都能有收获的、新的森林资源。白杨这种树比其他树长得快。作为能源用的木材，他们在全国各地种植白杨。奥地利多雨，所以几年内白杨就能成材，并且大量地被收获。

所长约翰·才侠的回答很明快：

"担心森林里的树会被砍光的这种看法是不对的。按照我们的做法，既能不断地为客户送去身边的资源，同时这些资源又在不断地生长出新的来。奥地利的森林在 100 年后还是会和现在一样健康。"

在这一章的开头我曾介绍了那些连各国的国债都作为投机目标的金融怪兽。市场价格变动越是激烈，他们越能看出那里存在的价值，然后大量地买进、卖出，不断地追求短期利益。

而与之相反的想法根植于奥地利的森林：不是变动，而是稳定；不是短期，而是长期。他们开展 100 年后还能从森林获得收益的投资。这绝不意味着经济的停滞。

"最重要的是让森林持续保持良好的状态。自从提倡森林的可持续性，这个'可持续性'就成了我们的信条。为了让我们更远的后代也能同样尝到甜美的果实，我们一定要维护好充足的森林资源。

"现在，森林是我国外汇收入排名第二的领域。仅木材相关产业，一年的贸易收入就是 30 至 40 亿欧元，而且现在还只利用了森林年生长量的 70%。

"我们考虑今后能不能将森林生长量的利用提高到接近 100%。这样的话，不仅土地所有者、森林所有者，还有木材制造业、造纸行业等与林业相关的产业都能得到恩惠，为整个奥地利的富足做出贡献。这是我们的目标。"

上文提过，奥地利人均 GDP 比日本还要高。同样拥有丰富的森林资源的日本人所遗忘了的里山资本主义，其精髓正活在奥地利的山里。

## 里山资本主义能带来安全保障和地方经济的自立

至此，我们了解了在奥地利推进里山资本主义背后所存在的、有关能源的安全保障以及地方经济自立的理念。在奥地利，还有一个重要的理念不容我们忘记。

奥地利是世界上罕见的将"摆脱核能"写进宪法的国家。在 1999 年制订的新宪法《关于建立无核奥地利的联邦宪法性法律》中，第二条就是禁止新建核电站和启动原有的核电站。此外，第一条的内容是禁止制造、保有、运送、试验和使用核武器。也就是说，无论是军事利用，还是和平利用，核能利用在奥地利都被全面否定了，并且奥地利是少数通过宪法否定了核能利用的国家之一。

然而，奥地利并不是原本就反核的。实际上，1969年，当时奥地利政府决定在奥地利东北部，即位于现在的捷克和斯洛伐克边境的小镇——下奥地利州的温腾多夫建设核电站。1972年开始建设。但建设完成后，这座核电站迄今为止一次也没有启动过。因为在建成后不久，整个奥地利掀起了强烈的反核浪潮。

其契机是1977年著名地震学家指出，在核电站建设地的垂直下方有发生地震的危险。"即使这样还要承受核电站的风险吗？"1978年11月，对于是否启动核电站进行了全民投票。结果反对派以微弱的优势取胜。赞成票49.5%，反对票50.5%，就此奥地利政府决定核电站不再启动。12月，奥地利制订了法律，"禁止在奥地利进行以能源供给为目的的核分裂"。不仅禁止了将来建设核电站，而且还将禁止启动新建成的温腾多夫核电站也写了进去。

随后，1986年发生了切尔诺贝利核事故。当放射性物质飞散到欧洲各地时，反核的声势更加浩大，直至用宪法禁止了核电的利用。

然而，奥地利人并没有因此感到满足。奥地利有一部分的电力是从其他国家进口的，调查它们的来源后，发现原来其中有 6% 是他国核电站所生产的电力。

　　只要是核电站生产的电力，奥地利人哪怕一瓦也不想使用。他们对于核电的敏感在日本东京电力福岛第一核电站的事故之后变得更加强烈。2011 年 7 月，奥地利修改了《ECO 电力法》。其中，为了增加风力、太阳能以及利用森林能源的生物质发电，他们将用于扩大发电技术的政府补贴从原来的每年 2100 万欧元增加到 5000 万欧元。虽然之后每年减少 100 万欧元，但是以 2021 年以后的每年 4000 万欧元为下限，补贴政策仍在继续。

　　根据奥地利的估算，通过以上举措，他们不久将能全面停止进口电力，将核电站生产的电力完全排除出自己的国家。（以上内容参考了若尾祐司、本田宏编写的《从反核到脱核：德国及欧洲各国的选择》）

　　奥地利人这种"讨厌"核电的国民性几乎到了过敏的程度，除此之外，正像文中出现过的这些奥地利人所说的，他们还强烈地认识到能源问题是关系到自身安全保障的大问题。

　　虽然最大的导火索无疑是切尔诺贝利核事故，但是还有一个重要原因是与中欧人通过管道从俄罗斯输入天然气这件事密切相关。从 2000 年前后开始，俄罗斯多次在冬季前威胁要停止管道天然气的供给，意欲提高对欧洲各国的政治影响力。结果，导致奥地利发生了几次恐慌。这在很大程度上令奥地利人对于外部能源的供给产生了强烈的警惕心。

## 从极度贫困中奇迹般复活的小镇

彻底实行里山资本主义之后，人们最终能享受到怎样富足的生活呢？接下来，我们将以一个实现了最极致的里山资本主义的小镇为例，来探寻奥地利人所追求的经济的进化形态。

在生物质领域处于世界领先地位的奥地利，有一个小镇备受关注，每年有 3 万人从世界各国去那里考察。这个了不起的小镇就是位于匈牙利边境的古辛市（Gussing）。虽然叫市，但人口不足 4000。微高的山丘上是 12 世纪建造的古城，周围是密集的村落。再外围是广阔的麦田和森林。古辛市就是这样一个乡村小镇。

为什么一个小镇能受到如此瞩目呢？那是因为这个在整个 20 世纪经历了极度的贫苦，又是西方国家中最落后的小镇，忽然有一天被人们发现它已经走到了世界的最前面。

这里除了古辛城，最吸引访问者的就是巨大的发电设施。设施内木材和切碎后的木片堆成了小山。古辛市一共有 3 座这样的生物质发电站，以及近 30 座与生物质相关的设施，负责整个镇的供电和供热。

尤其是热能利用，他们导入了不同于木质颗粒的系统，让生物质的比重有了飞跃式的提高。那就是"区域暖气"系统。区域暖气是指将发电时释放的热能运用到暖气和热水上，被称为"热电联产系统"。用排出的热能烧水，通过布满小镇的地下网状管道输送到当地的家庭和企业。也就是热水器的中央供暖在整个地区得到了实现。

因为这个系统，古辛的能源自给率达到了72%。当然，似乎一个4000人的小镇要达到这个数字应该也不难，但其实，就算是先进的奥地利，从全国范围看，木质生物质能源的比例仍然只有10%（日本仅0.3%），世界任何地方恐怕都找不到第二个这样的小镇。由此可知这是怎样了不起的数字了。

这个区域暖气系统，在欧洲其他地区也在慢慢地得到推广。近几年，日本其实也有效仿奥地利导入这套区域暖气系统的趋势，比如山形县的最上町，那里地处东北地区，冬季寒冷，村落又相对密集。但是，那也仅限于区公所等公共设施或旅馆等住宿网点，还没有到达一般家庭。

那么，古辛为什么能将一般家庭也包括在内，让整个小镇都能加入这个系统呢？关键就在于每个居民的决定。

## 从“能源购买地区”转变为“能源自给地区”

我们在古辛郊外一个叫休特雷穆的村落，采访了居住在那里的农户克里多·加尔各。

加尔各种植小麦，还有一小片属于自己的森林，是个典型的农民。他和妻子、两个孩子一家四口生活在一起。我想通过梳理加尔各家的历史，来考察这个小镇所走过的道路。

20世纪80年代冷战末期，加尔各一家的生活已经跌入了谷底，因为古辛是西方阵营中最贫困的小镇之一。它与当时属于东方阵营的匈牙利接壤。离加尔各家菜地500米的地方就是铁丝网，还有士兵拿着枪在那里看守。“千万不要靠近那里，不然会被打死。”小时候，加尔各不知被父母叮嘱了多少遍。因为这样的环境，很少有外人来这里，无法吸引外部的投资，也没有高速公路和铁路。所以，只能继续埋头干农业了。整个小镇有44%是森林，但当时被荒废在那里，没有得到任何利用。就这样，渐渐地年轻人开始离开这里，去维也纳或格拉茨等城市工作。加尔各的叔父夫妻俩则带着全部家当移居美国了。

然而，即便是在这样的情况下，当时年轻的加尔各还是觉得，只要要求不高，做个专业农户日子还是能过下去的吧。

然后到了 1989 年。在人们的期待中，冷战结束了。随着柏林墙的倒塌，匈牙利边境上的铁丝网被撤掉了，士兵也走了。欧洲开始往统一的方向发展，来往也越来越自由。古辛人都以为这下大伙儿的日子总该好起来了吧。

　　然而，他们的美梦很快就破碎了。随着全球化的发展，下一个敌人——廉价的农产品从东欧各国大量地涌了进来。农民们为了与之对抗，必须提高生产力来增加收益。然而，加尔各家的地实在太小了。

　　20 世纪 90 年代，奥地利加入欧盟，导入了统一货币欧元。那时候，有 70% 像加尔各这样的古辛人不得不去城市里的工厂打工。

　　就在加尔各他们开始怀疑冷战时期或许还比较好的时候，一场革命静静地出现在这个小镇。1990 年，古辛市的议会全票通过了将能源从化石燃料转化为木材的决定。

　　决议的重点是，转换不只是为了解决能源问题，而是要把它看作地方经济再生的重要一步。当时小镇的官员们试着计算了一下从外部购买能源的费用，发现每年竟流失 600 万欧元。如果能改变这笔钱的流向，让它在区域内循环的话，那小镇不是能变得稍微富裕一点吗？那是里山资本主义诞生的瞬间。

这个时期，日本则正处于经济泡沫破灭的前后，作为"世界第一的日本"，人们觉得一定能打赢这场与世界的经济战。人人都相信全球化经济的发展将带来富裕的未来。在这样的情况下，究竟能有多少人会敢于和全球化经济划清界限呢？

古辛市拿出了地方发展计划，1992年开始在第一期的区域里装上了木质生物质的区域暖气系统。地下铺设的热水管道总长35公里，覆盖市中心和商业设施。接着2001年，热电联供系统开始发电，利用国家的电力收购制度卖电。与此并行的是开展太阳能发电以及菜籽油等废油的能源利用等行动。自《告别化石燃料宣言》起，这个小镇通过10多年的努力，能源自给率已经超过了70%。在1990年尚有600万欧元流到外面的古辛，到了2005年，资金流向已经完全逆转，整个地区能源的销售额竟达1800万欧元。

## 增加就业和税收，将经济还给居民

像加尔各那样一直过着贫困生活的农民也分享到了幸福的果实。

加尔各他们950位村民所居住的休特雷穆村在2001年装上了区域暖气系统。不管是家庭还是企业，每户交8000欧元，靠大家的合力筹到了1000万欧元，建设费的一半就有了，剩下的就从银行贷款。没有让任何大型资本加入。以合作社方式运营，由居民自己做主。

在奥地利，就像国家决定摆脱核电的时候那样，即使是几百人的村落，要决定大事的时候，都会进行居民投票。休特雷穆村也一样，通过居民投票决定引入区域暖气系统。因为是自己做的决定，所以也要为此负责。区域暖气系统的维护是由包括加尔各在内的4位居民轮流进行的。

作为燃料的木材也由大家一起提供。加尔各也一样，他走进一直以来被荒废了的森林开始伐木。木材的收购价约16欧元/立方米，这笔钱来自区域暖气系统的使用费，对他来说就此多了一份稳定的收入。同时，看到能通过自己的森林为地区做贡献也让加尔各感到特别高兴。

此外，能源的使用费也可以自己决定。加尔各一家2010年在能源上花了1242欧元，同时，提供木材燃料所获得的收入是1327欧元，算下来还挣了85欧元。虽然只有一点点，但还是很值得骄傲的。

能源的价格由使用能源的人来决定。2013年，休特雷穆村在还清了银行的贷款后，即使看到国际原油价格在不断地上升，还是决定调低使用费。

"在古辛，能源的价格是由自己来调控的，所以不依赖全球市场的供需，价格也不会受行情的左右。"

建立了这样的系统后，原本除了农业没有其他像样产业的古辛，现在引得欧洲各地的企业蜂拥而至，为的是这里的既便宜又稳定的热能和电力。欧洲著名的地板材料制造商帕拉多就是其中一家。他们之所以做出这个决定，除了产品的干燥需要大量的热能以外，地板加工的时候多出来的木屑还能卖给区域暖气系统，令原本高额的能源费用在收支上相互抵销了。

13年里古辛市竟先后来了50家企业，一共创造了1100人的就业机会，占4000人口的四分之一，显而易见是个非常大的数字。因此，出去打工的人也少了很多。

我们访问了一位在帕拉多公司负责检查进仓木材的二十多岁的女职员，她一年前开始在这里工作，从古辛附近的奥本多尔夫开车15分钟来这里上班。"这里的工作怎么样？"听我们这么问，她开口第一句就是"我真是太幸运了"。因为古辛所属的布尔根兰州至今很难找到工作，除了古辛，其他地区也仍有很多人选择去维也纳或者格拉茨那样的大城市工作。这位女职员在当地的朋友们也是，平时在城市里生活工作，周末回到当地。

加尔各也在农活不忙的时候到地板厂工作，负责用起重机搬运货物。收入因此增加了十分之一，生活变得轻松起来。

接二连三有企业进入古辛，就业增加了，整个小镇的税收也高了很多。

古辛市的税收从 1993 年的 34 万欧元增加到 2009 年的 150 万欧元，整整涨了 3.4 倍。因此，市政府投资建设了道路和体育设施等各种公共基础设施，整个小镇变得漂亮起来。采访中，恰逢新球场举行足球比赛，不管是踢的人还是看的人都看上去神采飞扬，再也找不到丝毫昔日欧洲最贫困的镇的痕迹了。

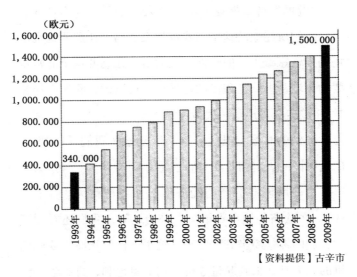

【资料提供】古辛市

**古辛市的税收（1993—2009 年）**

## 古辛模式换来"经济稳定"

最后，我们采访到了古辛市市长彼得·巴达修。他从 1990 年项目启动就一直任市长，带领整个项目的开展，看上去信心十足。

"进口能源对我们来说没有任何好处，而是让这个小镇每年流失了几百万欧元。我一直很疑惑，我们既然有几千吨的木材没有得到利用而被扔在森林里等着慢慢腐烂，为什么还要特地去远隔数千公里的地方把天然气和石油运来给自己的家供暖呢？

"世界经济掌握在一小部分人的手里，这不是件好事。我们所建立的这个模式也许没法马上让那些扰乱市场的投资家减少，但是能让我们自己在能源这个非常重要的领域掌握一定程度的主导权。可以说，我们已经朝'经济稳定'迈出了一大步。"

告别的时候，巴达修市长反复地对我们说："重要的是居民的决定和政治上的领导力。"

古辛所创造的新的经济形态如今被称为"古辛模式"，在欧洲各地得到推广。采访期间，我们还看到了意大利的考察团坐着大巴来到这里。他们从面临欧元危机的意大利，来到躲过危机影响的奥地利，打算学些什么呢？

"古辛模式"不单是追求区域能源的自立，更是饱受全球经济带来的弊病之苦的人们为了重新将经济掌握在自己手中而做的一次斗争。

## "开放的地域主义"才是里山资本主义

回过头看 20 世纪的 100 年，那是经济的中央集权化愈演愈烈的时代。

以钢铁和混凝土这样厚重庞大的产业为基础的发展，势必需要巨大的投资和密集的劳动力。为此，只能用国家主导、优待大资本的方式来进行。所以，其目的不是让每一个老百姓变得强大，而是让国家在依然是弱肉强食的国际社会中变得更为强大。这在 20 世纪初期是帝国主义政策中的富国强兵；到了 20 世纪中期，是二战后的复兴和之后的高度经济增长；然后到了 20 世纪后期，则是为了在全球经济的激烈竞争中胜出。

在这个过程中，人类为了让地球上的任何一个地方，哪怕是在地球另一面的东西也能得到快速的运输，在海陆空建立起了庞大的基础设施的网络。

到了 21 世纪，人类不再满足于人、物和金钱的流通，还通过 IT 革命，确立了让信息瞬间交互传递的系统。然而，这个中央集权式的系统，也是从山村、渔村这些没有竞争力、处于弱势的人和地区吸取各种资源而成立的。它不顾每个地方特有的风土和文化，只管贪婪地榨取地方上的人。对于经济增长来说，如果都像金太郎糖那样，无论从哪里切开看都是统一样式的话，那么效率会更高，所以不需要地区个性。

然而，现在是 21 世纪了。经济发展到了一定的程度，物质变得极度丰富。这时，人们忽然发现，全国各地不管走到哪里，看到的都是同样风景的日本街道。他们开始感到疑惑。于是各地出现了重新认识地方风土和文化的运动——慢食、地产地消（当地生产、当地消费）、慢生活。最近，评选地方美食冠军的"B—1 大奖"可以说从一个侧面反映了人们的觉醒。

里山资本主义，从经济层面上看，也可以说是"地方"复权时代的象征。不再做依附于大城市、只被大城市看作榨取对象的"地方"，而是要让能够在区域内循环的东西循环起来，这样的运动就是里山资本主义。

在这里必须注意的是，虽然是自给自足型的经济，但这并不意味着排他。相反，"开放的地域主义"才是里山资本主义。

因为，里山资本主义的实践者们也会充分利用 20 世纪中建立起来的全球网络，相互交换各自需要的知识和技术，相互提高。这样的柔韧性是非常重要的。

第一章里提到过的冈山县真庭市的"铭建工业"公司董事长中岛浩一，他利用木材加工时产生的木屑推动发电事业，已经是 10 年前的事了。虽然现在到处都在讲"生态环保""告别核电"，但中岛他们起步要早得多。那他们的想法是从何而来的呢？接下来就让我们一边探寻这个问题，一边思考里山资本主义所具有的"柔韧性"。

其实，中岛的想法与海外的小镇，尤其是乡村小镇有直接的关系。他多次访问以奥地利为代表的生物质先进地区，与那里的人们进行深入的交流，带回了最新的知识。

如果去中岛的工厂，常常会在那里见到欧美人。据说，大多是来这里考察的。有点让人难以置信的是，每年来考察的竟多达500人。有时候，他们会邀请奥地利著名大学的教授在这里讲课。对象不仅是自己的员工，还有当地的木材产业相关者以及地方行政部门负责人，请他们一起来听课。在山阴山阳地区的深山里，整个区域都在学习世界最尖端的东西。

另一方面，刚才也提到过，中岛频繁地去海外先进地区考察。他去的不只是欧洲。听说俄罗斯的远东地区为了利用沉睡中的木材，建立了一座大工厂。"那得去看一眼。"他这样想着便立刻动身坐飞机再换深夜长途车来到了该地区。他可是一位年过六十的董事长。去海外考察他尽可能让年轻员工同行，因为他想让年轻人去海外长见识，为铭建工业，更想为日本的木材产业培养人才。他心里还有一个计划，就是近期送年轻员工去奥地利的大学留学。这可不是一般被称作夕阳产业的社长会做的事。中岛的眼睛盯着的一直都是未来。

说个小插曲，因为受这样的企业文化所吸引，来中岛公司应聘的有不少是来自东京、大阪等大城市，而且是一流大学毕业的年轻人，最近女性也增多了。负责招聘的工作人员不禁担心："这些女性不仅大学毕业，还是东京来的，能不能适应这深山里的单身生活呀？"

中岛就是这样永不知足，充满探索精神。他不断吸收最先进的知识和技术，现在除了树木的能源利用以外，他又有了想要挑战的新领域，那就是他的本行——建材。这又是在奥地利诞生的颠覆常识的新技术。

新集成材料 CLT，拥有混凝土般傲人的强度

## 从钢筋水泥向木造高层建筑的转移

中岛的下一场革命正悄悄地在工厂一角拉开序幕。新研发的建材因为还没有生产流水线，所以目前是通过

人工反复地进行试错。

看上去只不过是将几块木板重叠在一起的集成材料，没任何特别之处，但是，仔细看的话就会发现，通常的集成木板是按照与纤维平行的方向重叠在一起，而这里研发的却是让木板纤维以垂直方式胶合在一起。

这种材料的名字叫"正交胶合木"（通称 CLT）。它有什么特别吗？其实，仅仅是这样的构造就能让建筑材料的强度有质的飞跃。

中岛想要依靠 CLT 来让至今未被认可的木造高层建筑成为可能。20 世纪，象征着经济发展的钢铁和混凝土所夺去的领域，现在要用木材来取而代之，这真是一个让人怀疑自己耳朵的宏伟计划。

"迄今为止在日本的建筑史上，长年以来由木材占据主导地位的领域，在战后被钢铁和混凝土所夺去。然而，由于 CLT 的出现，令四层五层，在特定情况下甚至更高的中规模建筑也能用木材来建造。"

中岛说得很有信心。这对于他所推进的木材的能源利用来说，也具有重大意义。工厂里的用电全部依靠木屑发电，同时，木质颗粒燃料也开始为整个城镇提供能源。在这基础上，如果要进一步扩大其利用，就要扩大作为其基础的建材需求。对于恢复日本山林的活力而言，能源利用和建材利用可以说是车子的两个轮子。

CLT 是在 2000 年左右诞生的，并且也是在木材利用先进国家奥地利。"百闻不如一见，实际去现场看看吧！"被中岛这么一说，我们便再次前往奥地利进行采访。

## 伦敦、意大利也在推进木造高层建筑

奥地利首都维也纳。坐在开往郊外的汽车上，映入眼帘的是令人震惊的景象。

我们看到的建筑工地，似乎和普通的工地有点不一样。不管怎么看都不像是钢筋水泥建筑，我不禁怀疑自己的眼睛。原来建材都是木头，但那可是 7 层楼的建筑呢！

在管理者的许可下，我们进入工地内部参观。还是不管看哪里都是木材，墙壁是，地面是，天花板也是。不可思议的场景！虽然电梯周围有一部分使用了混凝土，但其余整个大楼都是用木材建造的。通常，说到木造建筑，主要是指柱子和房梁利用的是木头。但因为 CLT 是由木方正交叠放胶合而成，所以能制成巨大而厚实的木板。因此，不是只用于柱子或者房梁，而是整个墙壁、整个天花板、整个地面用的都是木材。

现在，用 CLT 建造的木造高层楼房开始出现在奥地利城市的各个地方。

据说CLT原本是在20世纪90年代由一家德国公司首创的。然而那家公司没有材料制造部门，所以这项技术直到1998年才被奥地利南部一个叫Katsch an der mur的小村庄里的木材厂所采用。然后，在位于奥地利第二大城市格拉茨的格拉茨工科大学的支持下，该技术得到了改良。将CLT做成的墙壁用于楼房建造之后，人们发现它的强度竟可以与钢筋水泥匹敌。这颠覆了高层建筑只能用钢筋混凝土建造的常识。随后，奥地利政府的动作非常迅速，2000年，他们修改了木造建筑不能高于2层的规定。据说现在，CLT被允许建造的建筑高度是9层。

之后，过去基本是石头建筑的奥地利街道开始向木造建筑转变。CLT建筑不但强度高，而且比起夏天热、冬天冷的石头和钢筋水泥，它所提供的居住环境要更加舒适。在奥地利乡村诞生的技术，如今传播到欧洲各地。整个欧洲的CLT建材产量7年里涨了20倍，增加到50万立方米，占欧洲400万立方米建材产量的八分之一。而伦敦居然已经出现了9层的CLT建筑。

在日本人尚不知情的情况下，欧洲已经达到这样的境界呢！能源也是一样，发展的速度之快让人惊讶。这是最直接的感想。与此同时，也很自然地产生一个疑问：如果发生地震，木造建筑不是很危险吗？

正在建设中的 CLT 木造高层楼房

用 CLT 建造的公寓

然而，就在和日本一样是地震大国的意大利，CLT也得到迅速的普及。因为意大利的国家森林木材研究所通过实验证明了它还具有很强的抗震性。其实，这个实验是在日本进行的。2007 年，在位于兵库县三木市的世界最大规模耐震实验设施里，意大利人把一座 7 层楼高的 CLT 建筑搬进来，对它施以阪神大地震同级别的七级地震的晃动，结果它出色地经受住了考验。

　　2009 年在意大利中部拉奎拉发生 300 人以上遇难的地震后，意大利大部分的建筑都开始用 CLT 来建造。据说，米兰不久将出现 13 层的 CLT 建筑。

　　对于火灾的准备也很充分。他们不断地进行耐火试验，在 CLT 建筑的一个房间里人为地制造火灾，据说60 分钟后，火苗不仅没有烧到隔壁的房间，室内温度也只上升了一点而已。所有这一切都让人非常震惊。我们曾经在不知不觉中被洗脑，认为木造建筑如遇上火灾和地震，一定很脆弱。然而现在，在欧洲，人们开始认为CLT 才是最适合建造高层建筑的材料。

## 工业革命后新的革命正在进行中

　　接着，我们到访了同样位于维也纳郊外的 5 层 CLT公寓楼群。我们看到的是一排排外观时尚的公寓。它们的外墙充分利用了木纹的温暖效果，再配上奥地利人喜爱的红色或黄色的中间色。当我们询问这里的住户时，听到的都是赞扬的话。

"使用的是天然木材，这一点非常棒。"

"以前我住的是石头造的房子，相比之下，现在的隔热效果更好，用在冷气和暖气上的费用都比以前少了。"

听到这里，中岛更加坚定了要把它引进到日本的想法。

"欧洲做到这个程度只花了 10 年，在那之前并没有任何基础，所以日本一定也能做到。"

最后，我们考察了维也纳工业大学。在这里，我们听取了木造建筑第一人沃尔夫冈·温特教授的看法。温特教授认为，从钢筋混凝土向木造建筑的转变并不是单纯的建筑样式的改变，并热切地表示，将之称为工业革命以来的一次新革命也不为过。

"19 世纪发生了工业革命。依靠曾被认为是无限存在的石油和煤炭等能源，我们所得到的机械、大型设施、物流系统等等，都是大规模的。能源曾是工业革命的原动力。整个 20 世纪，我们为了生产水泥和钢铁消耗了大量的煤炭、石油等能源。生产水泥和钢铁需要巨额的投资，工厂又是如此巨大，以至一般的国家最多也只拥有一家。20 世纪的人类就是这样发展过来的。

"然而到了今天，因为能源已经快用完了，我们必须依靠这个星球上大自然所赐予我们的东西生活。真正的革命正是这思想的大转变。对于这场革命来说，木材产业是最合适不过的。因为森林只要管理和培育就能成为一个无尽的资源。

"结果就是，经济必将从国家中心变为地域中心。木材制造业大部分是家族企业。原料调配最多也就是在半径 200 至 300 公里的范围内就能完成。生产需要许多人手。总而言之，木材既不需要很多投资，同时还能为地方上带来许多就业机会，因此从经济上来说，也是非常优秀的资源。"

## 日本的 CLT 产业也开始影响政府

然而，中岛回到日本后发现，想要普及 CLT，眼前有一堵高高的墙竖在那里。日本的建筑标准法对于建造 3 层以上的木造建筑有各种限制。比起欧洲，在日本，人们对于在经济的飞速发展中扮演了重要角色的钢铁和混凝土有更为深厚的信仰，要让他们转换意识来关注曾象征着贫穷的木造建筑，不是一件容易的事。

也就是在最近，政府才为普及日本国产木材，于 2010 年制订了"促进公共建筑中木材利用的相关法律"，推动学校等公共建筑物用木材建造。然而，在每年新开工的公共设施中，木造建筑仅占 8.3%，同时，仅仅依靠公共建筑很难期待木材的需求能有爆发式的增长。

为了打破这个现状，中岛在 2012 年 1 月和鹿儿岛、鸟取县的木材加工厂合作建立了"日本 CLT 协会"，中岛亲自出任会长，正式启动全方位的普及工作。

"这将为以林业和木材加工业为基础的日本木材产业提供新的突破口。相信也能帮助地方打破原有的闭塞状态，为林业和木材产业带来新的局面。"

中岛不断地到永田町和霞关向国会议员和行政部门提出修改法律的必要性。

在生物质领域做出了重大成绩的中岛，他的想法终于开始一点点地得到传递。和兵库县的 E-Defence 一样，茨城县筑波市的防灾科学技术研究所有一座日本引以为傲的大规模耐震实验设施。

这次搬进研究所来的是一座用 CLT 板建成的 3 层楼建筑（按重量假设它是 5 层楼建筑）。建筑材料由中岛提供。中岛特意准备了耐震性较弱的杉木 CLT 板。他设想，如果进展顺利的话，就能为在国产木材中占半数的杉木开辟新的利用途径。在一百多位相关人员的观摩下，他们在建筑上施加了建筑标准法中耐震标准烈度 6级偏下的摇晃力度。CLT 建造的楼房吱吱嘎嘎地发出很大的响声，但是最终没有倒塌。专家们花时间进行了内部检查，没有发现明显的裂痕。"我还希望能摇晃得再久一点呢。"放下心来的中岛脸上露出调皮的笑容说道。这是向实用化迈出一大步的瞬间。今后他们还将进一步反复地开展耐震、耐火实验，期待两年后实现法律的修改和实用化。

到了这种时候，中岛再也坐不住了。他居然不等法律修改就投入了 1500 万日元，在工厂的一角建起了 CLT 专用的生产线。

"好，这就开始干吧。"

2012 年 6 月，生产线完工并开始试运行。机器咔嗒咔嗒地响，第一批 CLT 板就这么生产出来了。目前生产出来的 CLT 板还不能马上用于建造，其主要用途是为今后开展耐火耐震实验提供需要的材料。但是，建筑标准

经受住了耐震实验的 CLT 建筑

法中有"大臣认定"这一制度，只要经过特殊的手续，要建造房子似乎也不是完全不可能。

"往大里说，CLT 或许不是什么里山革命，但确实可以把它当作一种工具，在这个地区创造收入和就业，并且更大范围地推广出去。也许真能带来产业革命以来的、由地方上发起的新革命。"

不同于钢铁、混凝土和石油等支撑了 20 世纪的巨型产业，木材产业不需要很大的设备投资和很多的劳动力，也不需要建设基础设施去把地球另一半的资源运过来。因此，它蕴藏着以较低风险去从根本上改变产业构造的力量。

在开放的地域主义下，它还有一个特征就是让大家很容易相互吸收彼此的智慧。那是因为这是以地域为基础的产业，不用彼此斗得你死我活，相反，大家能在相互协调和互相往来中共同进化下去。这就是里山资本主义所具有的"柔韧性"。

# 中间总结 "里山资本主义"的精髓

## ——不依赖金钱的子系统

**（藻谷浩介）**

### 以加工业立国的模式因资源价格高涨而陷入贸易逆差

对于人的生存而言，必不可少的是钱呢，还是水、食物和燃料呢？

在无论是食物还是地下资源都无法自给的日本，以前要是问这个问题是很愚蠢的。

"不管是水、食物还是燃料，这些东西在日本都是用钱买来的。本来只有通过出口产业挣来钱，才能从国外进口食物和燃料。就连原本丰富的水资源，到了城市因为必须通过庞大的自来水系统来供应，所以就需要大量使用进口燃料来发电。没有钱，这个小小的岛国上近1.3亿的人口便没法活下去。

"然后，这钱若是想要一直不断地挣下去的话，经济就必须持续增长。可是日本的经济形势长期处于低迷状态，过去号称世界第一的国际竞争力如今也已跌到谷底。因此，对于现在的日本而言，最重要的就是拿出经济增长的战略和方法。最快的办法就是放宽金融，让钱在社会上更多地、快速地流通起来。可以大量地印钞。如果不印的话，那就让日本银行购买国债，用日本银行发行的证券来支付也是一样的。

"这会给后代带来负担？在讨论未来之前，先把眼前的不景气解决了再说吧。放宽金融政策没有用？那就放宽到有用为止吧。"

以上这样的讨论，在一开始就显得过于武断，并且越到后面逻辑就越是跳跃。然而，在"3·11"大地震两年后的今天，这种"只要让钱流通起来万事都能解决"的论调开始在社会上蔓延。就像是一只追着自己的尾巴不停打转的小狗，越是努力越消耗自己的体力，到头来只能是自己掐自己的脖子而已。

其实，日本的国际竞争力并没有跌到谷底。不同于媒体的报道，大部分日本产品不仅一直卖得很好，而且迄今为止的海外投资也带来了许多利息收入，仅泡沫经济破灭之后的 20 年里就有 300 兆日元的经常收支黑字从海外流入日本。只是那些钱都被储蓄起来，没有进入国内的消费。金融政策放宽得到了实行，日本银行提供的货币量也比同期膨胀了 2.5 倍，但是名义 GDP 却突然停止了增长。政府没有办法，只好扮演水泵的角色，开始发行国债来吸收储蓄，实施"恢复景气的对策"，然而即便如此，钱也没能自己转起来，消费依然没有增加。于是，人们发现，政府写了大约 1000 兆日元的借条，而一年里作为税收得到返还的还不到 40 兆日元。每年发行的国债如果不高于税收额度，资金就流转不起来。就这样，渐渐地国内的储蓄全都变成了国债。

另一方面，用于向海外购买燃料的支出年年增加。日本的石油、煤炭、天然气等能源的进口额在 20 年前年均不到 5 兆日元，之后，印度等国的经济发展加剧了世界能源价格的上涨，如今一年的进口额已超过 20 兆日元。但即使如此，在工业国家之间的竞争中日本还是处于强势的。就连地震、欧元危机、日元极度升值等先后发生连锁反应的 2011 年，日本仍然在欧盟、美国、中国、韩国、新加坡、泰国、印度那里挣到了总计 14 兆日元的贸易顺差。但是赚到的钱全都给阿拉伯产油国等能源国家拿去了，最后还欠了 2 兆日元，陷入了 31 年来第一次的贸易赤字。用进口的资源进行制造和销售的加工贸易立国模式，由于资源价格上涨出现了贸易逆差的情况。


**重建不依赖金钱的子系统**

再问一次：生存需要的是钱呢，还是水、食物和燃料?

千万不能搞错了。生存需要的是水、食物和燃料。

钱不过是用于获得它们的手段之一。手段之一？纯粹的城市人可能不会意识到这点。但其实在日本，有无数住在里山地区的人，很大程度上不需要花钱就能获得必要的水、食物和燃料。他们的生活是靠山里捡杂木当柴火、井里取水、梯田里种稻米、庭院里种菜。最近鹿和野猪大量繁殖，捕来了吃也吃不完。祖辈们在里山辛辛苦苦建立起来的隐形资产，还是可以养活我们很长一段时间的。再加上还有像"生物质木片的完全燃烧技术"这样最先进的手段，让几代前开始沉睡的资产在21世纪突然得到复活。

不仅如此，应该有很多人因这次地震而深深地感受到，花钱从很远的地方把水、食物和燃料运过来这样的系统非常复杂，一旦停滞的话，你手上有再多的钱也没有用。那时候，我们应该都感受到了生命在一瞬间受到威胁的恐惧，意识到完全依赖货币经济正常运作的自身，作为生物而言是如此的脆弱。我们要在这种感觉消失之前行动起来。不是一味依赖金钱这个手段，而是至少要确保一些其他手段作为后备。这并不困难。仅仅是家庭菜园里有一口井，杂木林里有一只油桶做的炉子，世界就会完全不同。不是只有靠金钱建立起来的关系，还要有日常生活中由缘分和恩情联结起来的人与人之间的关系，在紧要关头，它对我们的帮助将是不可替代的。

"金钱资本主义"这个经济体系是以资金的循环决定一切为前提构建起来的，而"里山资本主义"则提倡在它旁边悄悄地建立一个不依赖金钱的子系统，这种实践是预先准备好一个系统，让人们在没有钱的时候也能持续地获得水、食物和燃料，也就是所谓的安心安全的网络。请不要误会的是，我们并不是主张大家放弃现代人的生活、重新回到江户时代之前的那种自给自足的农村生活，也不是倡导大家离开以金钱为媒介、分工复杂的经济社会。庄原的和田先生也说过："用钱可以买到的那就去买，但是用钱买不到的东西也是很重要的。"就像前一章里介绍的奥地利的案例那样，森林和人与人的关系这些用钱买不到的资产加上最新的技术，如果能对它们加以充分利用的话，比只能依靠金钱的生活要让人觉得更为安心安全，并且踏实的未来就会来到。

然而，里山资本主义并不是任何人在任何地方都能彻底实践的。在金钱资本主义下，被认为条件不利的人口空洞地区，也就是人均自然能源较多、从近代以前开始积累的资产原封不动地留存下来的地区，才是最有潜力的。并且，里山资本主义不会提升金钱资本主义的评价指标，比如 GDP 或者经济增长率。甚至如果做得彻底的话，可能反而会降低这些指标。但是，这也正是因为"通过活用账簿外资产所开展的、无法换算成现金的活动在看不见的地方开展得很活跃，从而增加了无法换算成金钱的幸福。顺便令靠金钱转动的整个经济体系也在看不见的地方提高了它的稳定性。"

关于这一点，我们将在下文中继续解析，同时介绍一下里山所带来的安心安全的世界。

### 曾经逆风强劲的山阴山阳地区

在山之国日本，里山并不少见，因为国土面积中有70%左右是山林。然而，其中山阴山阳地区的情况尤为严峻。也许你会认为"地方上的山区缺乏活力那是理所当然的"，但是讲到山阴山阳地区，从某种意义上来讲那里的逆风可谓吹得尤其强烈。关于这点可能需要进一步说明吧。

山阴山阳地区在近代曾是日本产业中枢之一。吉卜力工作室出品的动画片《幽灵公主》中也描绘过，这里曾是制造日本刀和高品质农具的中心地带。岛根县安来市的日立金属工厂至今仍在生产被称为"安来钢"的世界最高品质的钢铁，他们的产品还被用于制造著名海外品牌的剃刀。流入工厂附近的名为"宍道湖"的中水湖的是一级河川斐伊川，顺着该河往上游走就能到达日本古代神话中大神须佐之男命从八岐大蛇的尾巴发现天丛云剑的地方——奥出云町。"斐伊川"这个名字本身就是火之川的意思，据说源于踏鞴制铁时烧的火，这个流域的土壤所含的丰富的砂铁和里山上的树所烧成的炭，是该地区从神话时代开始绵延不绝的制铁传统的基础。

山阴山阳地区是准平原，从地形上看由长期侵蚀而形成。海拔几百米的高山连绵不断，中间地形复杂，夹杂着一些小山谷。这里虽然常下雪，但不是东北和北陆那样的大雪，跟险峻的中部山岳地、纪伊山地、四国山地、九州山地相比，倾斜度较缓的地方比较多，适宜建造梯田。由于这样的地理条件，在无数的山谷里，都各有少许人群在那里定居。终于有一天，他们为了踏鞴制铁这样的大客户，开始将眼前里山的杂木砍伐下来烧成大量的炭。岁月荏苒，在甲午战争后迅速发展起来的山阳筋（濑户内海沿岸）的造船工业地带，这些炭又成了这里劳动者的收入来源，接着其销路还被扩大到关西地区。在进入经济高度增长期以后，直到石油、天然气和电器产品普及之前，里山一直是座产生现金收入的宝山。所以，山阴山阳地区和其他地区的山地相比，养育了更多的人口。

然而，能源革命断绝了这条通过烧炭获得现金收入的途径，这里本没有什么平地，无法开展大规模农业，所以人口便如雪崩般流向山阳筋的工业城市。在山阴山阳地区，尤其是具有浓厚的林业小镇色彩的岛根县益田市匹见町，人口从 1955 年的 7500 人，一直下降到 2010 年的 1400 人，减少至原来的五分之一以下。和田先生所在的广岛县庄原市总领町的人口也是一样，55 年里从 5000 人降到 1600 人，减少至原来的三分之一以下。这和北海道的煤矿小镇情况差不多，甚至减少得更为严重。其实，山阴山阳地区的里山和煤矿小镇一样，都是曾经输给中东石油的"煤产地"。而现在，我们看到那里的山村正燃起重新评价木材资源的里山资本主义的烽烟，不禁令人心生感慨。

## 地域振兴的三种神器也没能让经济发展起来

话说经济高度增长期之后，所谓地方振兴的三种神器便是建设高速交通的基础设施、建造工业园区，以及振兴旅游业。失去了产煤地这个地位的山阴山阳地区，难道就没有享受过这些特效药的恩惠吗？其实也不尽然。贯穿该地区中央的纵贯自动车道是在 1978 年全线贯通的，它从大阪出发，经过真庭市所在的冈山县北部，一直到达广岛县北部的庄原市和三次市。而连接冈山市、广岛市等濑户内海沿岸人口密集地区的山阳自动车道全线通车是在 1997 年，已经是将近 20 年前的事了。即便说日本海沿线的山阴自动车道至今尚未确定全线通车的时间，但总的来说该山地的待遇还是不错的。

时至今日，可能大部分人都已经不记得了，当拥有 150 万人口的广岛市和冈山市还没有高速公路的时候，人口不过 15 万人的津山、真庭地区以及人口不过 10 万人的三次、庄原地区却先有了高速公路，而且这个状况还持续了很长的一段时间。其间还经历了 20 世纪 80 年代后期兴建工厂的热潮以及泡沫时期的度假村热。

从首都圈去山阴山阳地区其实也比想象的更近。冈山机场和广岛机场分别在 1988 年和 1993 年从市中心附近的沿海地区搬到了山区，结果，山阴山阳各地去羽田机场的航空线路大大地得到了改善。比如，如果要从广岛机场到和田所在的庄原市总领町，或者从冈山机场到铭建工业所在的真庭市胜山，只要在机场租一辆车一个多小时就能到达。这和从羽田到东京多摩地区的时间差不多。然而这件事连当地人都没有提起过。

之所以这么说，是因为就算有了地方振兴的三种神器，山阴山阳地区的经济还是完全没有得到发展。引进工厂在一定程度上有了进展，但依然没能阻止年轻人的外流，也没有作为观光地受到瞩目。拿纵贯自动车道基本开通后的 1980 年和 2010 年做比较，该地区山阳本线以北、山阴本线以南的 12 个市 20 个町村的人口总和减少了 17%。而山阴山阳地区 5 个县的总人口基本持平，可见前者的衰退异常明显。原本 5 个县自身的老龄化比例在 25%（4 个人里有 1 个在 65 岁以上），全日本东北、四国的老龄化程度一样高，而山阴山阳 12 个市 20 个町村的比例是 34%（3 个人里有 1 个在 65 岁以上），因此情况变得更为严峻。山阴山阳地区的地面交通发达，开车只要一个多小时就能到达广岛、冈山以及福山这样稍大一点的城市，因此，距离近反而造成那些愿意留在当地的年轻人也被吸引去了周边城市。

现在留在山阴山阳的，是少部分在当地招商引资建设起来的工厂里的工人，守着祖辈留下来的房产和耕地的兼业农户（其中大部分是老年人），以及针对不断减少的人口，以缩小规模来保持平衡的建筑业、商业和服务业的从业者，还有大范围的行政区合并时大幅度减少人员的自治体的职员。庄原市在"平成大合并"中由一市六町合并而来，其面积抵得上神奈川县（900 万人口）的一半，但是全部居住人口只有 4 万人。由 9 个町和村合并起来的真庭市也拥有东京 23 个区（900 万人口）1.3 倍的面积，但是居民不到 5 万人。

最近各地正在流行农产品的品牌化，但是这里因为耕地少，没有能力稳定地供给大市场，所以也没什么发展。至于自然景观等观光资源，说得好听一点是适合那些资深的旅行者，说得直白一点就是太普通，而体验型观光那样的新型观光产业在这里基本还没有建立起来。

反过来也可以说，正因为条件恶劣到极致，"人口过疏反转协会"的活动才能做得那么久，才得以诞生了全国最早使用和普及木质生物质燃料的地区，留在当地的有志之士们之间那个无形的网络才会开始不断地扩大。正因为那里比全国其他地区更早地在 20 世纪经历了像高速公路和工厂引进这样的、将金钱资本主义的恩惠吸引到地方上不发挥作用的情况，所以才会最早地涌现出一群人，正是这群人意识到里山资本主义才是21 世纪的出路。

## 全国各地皆能效仿的庄原模式

据庄原的和田先生介绍，他的同学里只有两人毕业后留在旧总领町，其余的都离开了。他一边种着祖上代代传下来的田地，一边在镇公所工作。这里没有所谓都市里的那些乐趣。离开主干道的话，路上连车也看不见。普普通通的里山，菜地里不多的收成，再加上人与人之间的来往，除此之外便没有任何可供娱乐的话题。然而，也正因此才诞生了邀三两好友一起玩转里山和乡村这样的生活方式。聚集到周围来的朋友也个个都是有趣的人，为数不多的山中果实美味可口，充分利用树木的生活方式令人羡慕，等等。因为这些理由，又有更多人加入。原本觉得乏味的里山，因为它的价值不断地受到城里人的肯定，终于他们开始明白对城里人来说哪些是里山的魅力了。在这样的积累当中，自然而然开始重新看待自己扔掉的那些身边的资源，并且采取行动对之进行更有效的利用。

和田也和普通人一样，既挣钱也花钱。因为原本长年在镇公所工作，所以，以后也会拿养老金。鱼、肉、服装这些是要用钱买的，农业用的材料工具也一样，也要坐车，也要用电。但是，多亏有能让杂木完全燃烧不冒烟的生态炉（看上去只是一个加油站用来当作垃圾桶的油罐）和能烤披萨的柴窑，他家的燃料费要比城市人少得多。优质的水也是不要钱的。祖上传下来的房子偶尔需要修理，但是不用付房租。最近，野猪也似乎有足够的橡子吃，拿它们做成猪肉火锅，味道赛过伊比利亚黑毛猪。假设所有庄原市民都开始过上和田那样的生活，因为地方这么大而人就这么一点，所以，不管是树木、水还是农田都仍然绰绰有余，持续下去应该完全没有问题。

和田自称"人类幸福学研究所所长"，他和夫人，即"所长董事"（估计是比所长还要高的职位）一起召集了很多充满活力的伙伴，不断地想出各种有意思的点子。因为他们不上网，所以要知道他和朋友们究竟在计划些什么、玩些什么，要么就看他们每月一期的简报，要么就去现场参加活动，不然就没法了解。但总的来说，这些人充满了能动性，语言（和田泉涌般的新词创造当然也很有意思）和行动中充溢着志向而不是埋怨。如果拿产生的活力除以使用的金钱，你会发现他们的效率真的很高。

以和田为核心的网络不断在扩大，在这个过程中，他们开始把从当地收来的品相不好的蔬菜拿到老人福利院，当作食材充分利用，而这个行为恰巧击中了金钱资本主义的痛处。过去，在金钱资本主义的系统中，品相不好的农产品只能扔掉，而当地福利院则购买其他产地运来的食材进行加工。也许，从全国范围来看这是一个高效的系统，但是，仅就当地来看，其实就是钱都流到了外面。然而，只要让这些原本要扔掉的食材在当地得到消费，福利院花在餐费（至少减少运输费的部分）上的支出会更少，而且支付的钱将成为当地农民的收入，从而把人留在了当地。不但农民的收入增加了，相关方都更有动力，而且还减少了浪费。当地人之间的联结也变得更牢固。

从全国层面来看，货币经济占比是缩小了，但是从地方层面来看的话，这意味着地方上重新获得活力。并且这样的做法，只要那里有农民、有福利院，除了东京、大阪的市中心以外，全国各地哪里都能效仿。

## 日本也在进行木材利用的技术革新

以真庭的中岛先生为核心所开展的能源的地产地消，从全国范围来看也只能算是微不足道的。因为山阴山阳地区本来就是即便核电站停运，电力还是绰绰有余的地区（地震以后，关西地区的电力不足问题也因为频率相同的山阴山阳送来的电而得到了解决），真庭的木质颗粒发电从整体来看甚至可以说是重复投资。然而，对真庭这个地区来说，原本要花钱当作垃圾处理的木屑，现在变成了燃料，替他们省下了从外面购买燃油的钱，而这笔油钱很有可能原本是要流到中东的产油国去的。考虑到这点，他们的行动对整个日本来说也是很有帮助的。并且，生产出来的木质颗粒是在当地流通，这又让当地各个相关方之间的关系变得牢固了。此外，木质颗粒这个新用途的出现，为一直衰退的林业的未来带来了光明，虽然还很微弱。作为先进地区，前来考察的人越来越多，这也多少让当地多了一些活力。

现在，在全国的观光地区，开始严格要求供应的餐食要用当地的食材制作，那么，如果不只土壤和水，连农产品生产中使用的燃料，以及烹饪过程中用的能源都是当地产的，那么食物的附加价值可能会更高。梦想变得越来越大了。

但是，有一点必须注意。如果用木质燃料发电，利用木材制造过程中产生的木屑，那么成本核算是没有问题的；但如果换成特意把木头切碎变成木屑再做成木质颗粒，则成本就很可能过高。因此，只要木质颗粒发电维持目前的成本结构，那么，全国各地都视为问题的间伐材的有效利用就不能靠它来实现。全国有几个地区在仿效真庭进行木质颗粒发电，但大部分地区都要依靠补贴，还没有形成自立的经济体系。

真庭的厉害之处在于，他们产出的木屑量能满足该地区很大一部分的能源需求。这是因为中岛所运营的铭建工业在最不景气的木材加工产业这个领域，非常例外地成为了一家具有竞争力的企业。

为什么他们能做到？由于劳动力人口的减少，同时，再加上进口木材所带来的竞争，木造住宅用的柱子和木板的需求量大减，而中岛并没有把精力放在这个上面，他们作为向有品位的现代建筑提供集成材的制造商，不断钻研专项技术，在全国开拓销路。以下要介绍的几个例子，很抱歉都是从东京不容易到达的地方。比如从机场建筑到登机廊桥都是木造的北海道中标津机场，以及借建铁路高架的机会，修建了优美的木造月台拱形顶棚的高知站和宫崎县的日向市站，看过这些建筑的朋友应该知道，那些大量使用集成材的最新的建筑物有多优美和温暖。最近，也有不少城镇在改建小学或者新建小型会议厅时，将集成材用得恰到好处。

所谓集成材，就是将木板切薄，按照格子状拼贴成大尺寸的木材。不仅与同样尺寸的自然木材，即使和钢材相比，也更加不易变形，并且几百年也不会腐蚀。它比钢材要轻得多，还有不为人知的高防火性能。这是因为其内部含大量空气，隔热性能高，碰到火焰时也只有一面烧焦，另一面仍是常温。所以，建筑物如果能在中间加上集成材做隔断的话，火就不容易蔓延开去。与之相比，钢材不仅传热快，而且容易熔化和变形。中岛说，纽约贸易中心的骨架如果不是用钢材而是用集成材建造的话，就不会因为热量而熔化，也就不会像我们所看到的那样崩塌了。

让人遗憾的是，这种木材利用的技术革新，在日本的建筑中尚未得到充分的利用。但是反过来说，只要今后能够普及，那么全国木材产地就能走上"真庭化"的道路。

本书中，前半部分介绍了广岛县庄原市和冈山县真庭市，后半部分还有岛根县邑南町和山口县周防大岛町的案例，但这些不过是大潮流中的一部分。仅山阴山阳地区，就还有以"避世小镇"为名、吸引城市人移居的鸟取县智头町，因世界遗产石见银山而出名、同时也因其历史老街上悄悄进驻了一群享誉世界的小企业而为人所知的岛根县大田市大森地区，以及将邮购业务遍及全国的东京书店吸引至当地的岛根县川本町，等等。好的案例还有很多很多。如果将视野扩展到全国，则更是如此。

在大部分的都市人以及集中在都市里的媒体所没有看到的地方，一些变化正在安静而又真实地发生。可以说，有没有发现这些变化，将决定你能否享受 21 世纪日本的生活。

## 奥地利的能源已从地下资源转换到地上资源

里山资本主义不是那些被现代化所遗忘的、人口空洞地区的专利。在人口不到 1000 万、但是人均 GDP 却在日本之上的小国奥地利，木质生物质能源的利用正在全国各地得到推广，并且，这是在东西冷战结束后，过去十几年里发生的急剧变化。

日本人动不动就喜欢说什么国难或者激烈的国际竞争。我希望大家试想一下如果自己是奥地利人的情况。在古代，这里是神圣罗马帝国的核心国家，在灭亡之后也被称为奥匈帝国，拥有比现在要大许多倍的国家版图，是欧洲的大国。然而，奥地利在第一次世界大战中战败，帝国解体，二战中又不幸很快就被自己国家出身的希特勒所率领的德军所占领。奥地利虽然具有大国的地位，却在首都维也纳眼皮底下失去了与之土地相连的领土。

即便如此，冷战期间，奥地利因其地理位置如同鸟嘴一般朝着苏联阵营（冷战时期的说法）的方向，所以作为铁幕上开的小洞（也就是日本闭关锁国时代的长崎），成了东西欧贸易的据点。然而，随着柏林墙的倒塌，它连这个特殊地位都失去了。

在歌舞伎、文乐、浮世绘等日本特有的文化瑰丽灿烂的江户时代，奥地利那边华尔兹、交响乐、歌剧等欧洲文化的精髓也正值繁荣时期。在咖啡馆喝咖啡的习惯，以及被认为是法式大餐原型的餐饮文化也是发祥于这个时期的奥地利。20世纪初，以克里姆特为代表的画坛也是百花齐放。随着时间的流逝，诞生于日本的休闲文化，例如漫画、动画、可爱的服装、电影和绘画，以及日式料理等，接连不断地受到世界的认可和传播。

然而，说到奥地利诞生的现代文化，除了女性喜欢的施华洛世奇的水晶玻璃制品以外，其他就说不出什么具体的名字来了。以奥地利地名命名的 Tirolian（蒂罗莲）甜点和 Tirol（蒂罗尔）巧克力其实都是福冈县的产品；而说到人，除了战后在日本红极一时的托尼·席勒以外，感觉好像连个名人也没有，这么说是不是有点失礼呢?(虽说阿诺德·施瓦辛格是奥地利出身,但他成名是在赴美之后。)

然而,尽管从历史上看,一直处在停滞和后退状态的奥地利,其实无论是在品质还是在金钱上都是一个人民生活富裕、环境优美的民主主义国家。邻国南斯拉夫的内战也结束了,他们开始享受上了有史以来最完整的和平。而就在那里,如上一章所介绍的,人们正在利用世界最尖端的技术,发起一场木质生物质能源的革命。

奥地利和日本一样,哦,不对,他们的化石燃料资源甚至比日本还要匮乏,连煤炭也没有。不仅如此,因为是内陆国家,所以也没有中东来的大油轮可以停靠的港口。核电站则是在启动之前就被他们自己给封杀了。可即使如此,或者应该说正因如此,他们才能在战略上缩小范围,毫不动摇地推动自然能源的发展。没有稳定的能源,就无法在国际经济竞争中胜出,这是希望核电站重新启动的一部分日本人的共同意见。但是,条件比日本还差的奥地利却通过有效利用国产自然能源在不断地往前走,这个事实希望大家能够更多地看到。

因为是人口不到 1000 万的小国,所以能够做到,像这样的思路,我们应该要好好想想,能不能用到东京、大阪以外的地方,比如有着和奥地利差不多或者更多森林资源、人口规模也相类似的北海道、东北、北关东、北陆甲信越、中四国、九州等地方。世上无难事。

只是，在这里我还是要指出和真庭同样的问题。奥地利之所以木质生物质能源能得到迅速的普及，是因为他们拥有丰富的木屑用以生产木质颗粒。也就是说，正因为用集成材建造的建筑得到快速的推广，所以才能实现能源从地下资源向地上资源（树木）的转换。多次去奥地利考察的中岛告诉我们，在石造建筑令人印象深刻的维也纳，过去其实也是以木结构建筑为主的城市。产业革命之后，由于树木砍伐过多，没有了木材，他们才开始转向石建筑街道的方向发展。最近，听说又开始出现向令人感觉温暖的木结构建筑回归的趋势。和日本不同的是，他们已开始对消防法和建筑标准法进行修改，令中高层集体住宅的集成材利用成为可能。据说，最近还建成了9层楼高的木结构公寓。林业因此复活了，同时也会有大量的木屑产生。在真庭的案例中我们曾提到过，考虑到集成材的耐久性和防火性能，这也不是那么令人惊讶的事情，但在日本的法律制度下要实现恐怕还早。

在拥有很多石灰石矿山的日本，水泥是唯一能够自给的矿物资源。在铁矿石不能自给的情况下，日本却是世界著名的制铁国家，所以，比起法律制度，这可能是妨碍集成材建筑普及更主要的原因。尤其是建筑上使用的钢材，是将电炉公司在国内产生的废材进行回收利用后制造的，从某种意义上说，算是对环境友好的利用方式。再加上一直在开发一些在欧美不常见到的"新建材"，所以才形成了现在这个不用木材的森林国家日本。也就是说，从今天开始日本如果增加集成材的利用从而产生木屑，普及木质生物质能源，提高自然能源利用率的话，毫无疑问就会提高日本经济的稳定性，但是，同时也会侵害很多产业的既得利益。

那么，我们应该放弃吗？完全没有这个必要。如今整个日本因化石燃料而陷入了贸易逆差，因此，即使会损害一部分产业的既得利益，但提高自然能源自给率仍是非常重要的。将来，我们还能向同样苦于化石燃料费上涨的亚洲新兴国家输出生物质能源利用技术，从而发展新的产业。

然而，既得利益联合起来阉割政策的情况不是只有这个领域才会发生，要实现国家整体方向的转换不是一朝一夕能够完成的吧。正因如此，以市町村为单位、以县为单位、以地方为单位先行开展行动，能令事态有所改善。就算是水泥和新建材的制造商，如果是自己工厂所在的县要增建木结构建筑，也有可能为了摸索新的领域而愿意提供合作。

在日本，国家不能做的事情先由地方开始做起来，是推动事情发展的秘诀。每个地方都把自己当作是人口规模差不多大的奥地利，去学习他们的做法，这才是重要的事情。

## 不认同"双管齐下"的极端论调的误区

"金钱资本主义"是以货币的流通为前提建立起来的，而我们所提出的"里山资本主义"，如前文所述，是在"金钱资本主义"的经济系统旁边再建一个不依赖货币的子系统。最初的动机可能是为了规避风险。为了在货币流通受阻的时候，也能获得水、食物和燃料而建立起一个系统，也就是事先准备好一个安心安全的系统，这本是里山资本主义的初衷。然而，做下去之后便发现，很多原本要用钱解决的事情其实是可以不用花钱就能解决的。生活因此变得左右逢源。

像这样的系统以及被高度增长期所遗忘的里山和离岛上绵绵不断延续至今的生活方式，为什么在日本公开场合的经济讨论，例如政府的经济政策中，却总是被忽略呢？也许是因为某些人认为，在日本人的生活中，里山资本主义承担的部分和金钱资本主义承担的部分相比，小到可以被忽略的程度吧。

但是，原因应该也不止这个。里山资本主义这个想法本身具有和金钱资本主义的几个基本前提相左的部分。里山资本主义的基本原理和金钱资本主义的基本原理是相反的。笔者觉得，也许正是这一点让政府内经济运营相关者总有一种说不出来的违和感。

也许还有人记得高中时学过的辩证法，即"让相互矛盾的原理混合在一起，通过扬弃能够达到更高次元的阶段"。产生这种辩证法式思考方式的是德语文化圈。属于该文化圈的奥地利，在发展金钱资本主义的同时，也追求里山资本主义的自然能源利用，可以说是理所当然的。相比之下，日本人也许因为是内田树所说的"边境民"（边远地区人民）的关系，对于舶来的单一原理容易过敏。也就是说，他们一旦接受了金钱资本主义就完了，像里山资本主义这样的一概不会认同。相反，也容易出现极端论调，例如"要用里山资本主义来行事的话，那就完全不要碰金钱"。

飞鸟时代的律令制度、奈良时代的佛教、建武新政背后的朱子学、明治时代的文明开化、昭和初期的军国主义、战后的马克思主义，再加上石油危机后的凯恩斯经济学，无论哪一个，都曾席卷全国，虽然非常短暂。再看平成货币主义经济学（重视货币供给量，是现在的近代经济学的主流学说）的隆盛，让人感到同样的事情又在发生。

静下来看历史，通常，对于外来极端论调的极度狂热总是一瞬间，不久就会因碰到现实而幻灭，进口的原理在之后会花很长的一段时间慢慢地变成日本的东西。例如，律令的框架外诞生的武士掌握了实权，奈良的大佛建成 500 年后，镰仓佛教开始兴起。江户时代，融合了武士道、商人之道的日式儒学开始发达。还有像以资本家为主要支持者的自民党长期政权，抢走马克思主义者的存货，提出要充实国民的厚生福利和调整地区间的差异。当然也有因本土化而失败的案例，就像大战中的军事，忘记了明治时代导入的合理主义，让鹈越式的突袭攻击、强迫战场上的士兵下必死决心的精神主义，以及核心干部的互舔伤口成了主导原理，结果以灭亡告终。

　　然而，从小泉改革前后开始兴盛起来的货币主义经济学仍然是未经包装的、进口原理原来的样子。细听之后会发现，其中还有一类人持有"通过中央银行对货币供应量的调节可以任意调节景气"这种即使是最盛期的苏联也没人敢提的极端国家计划经济论调。只要我们认真学习历史后思考今后的发展，就会预料到，即使是日本，也早晚会在经历过几次痛苦的失败之后认识到，照搬从美国进口的货币主义经济是行不通的。

那些大声标榜自己才是"真正理解宏观经济学的人","不,我才是真正的理解者",来进行相互攻击的人们,到了那时候又会把目光转向别的舶来原理。就像过去号称自己是"马克思真正的理解者"的那群人,不知何时已转变了方向那样。等在后面的,就是依照现实进行本土化。哦不,其实已经开始了。里山资本主义所内含的、与金钱资本主义的对立,一定会促进这种变化的发生。

## "无法用货币换算的物物交换"的复权
### ——金钱资本主义的对立命题①

对于今后的发展,我们在这里先做一下预测,举几个例子来说明里山资本主义内含的、与金钱资本主义的对立。之后,这种矛盾未来可能会发生怎样的扬弃,我们还是拭目以待吧。

里山资本主义向金钱资本主义提出的第一个对立命题就是,针对"以货币为媒介的等价交换",提出"无法用货币换算的物物交换"的复权。从物物交换的原始社会发展到货币经济社会之后,交易规模一下子扩大,人们开始分工,经济也随之增长。原理本身虽然是这样的,但是作为金钱资本主义的子系统,里山资本主义还重视不借助货币的交易。另外,物物交换也有两种。一种是从百货店购买岁末礼品、相互赠送，这种是用货币购买的物品之间的交换；另一种则是非货币购买的物品之间的交换。这里说的是后者。

比如就像之前和田先生那样，他送出的那只表面刻着"NHK广岛"字样的南瓜打动了井上监制。虽然也可以说只不过一厢情愿地送了一个自己种的南瓜而已，但其实却引起了NHK广岛采访小组对他们的兴趣。这个交易究竟值多少钱呢？虽然这原本算不算是一次等价交换也不一定，但确实有一种无价的价值交换发生了。说起来我自己也收到过表皮上写有"成为志民吧"这样意义深刻的南瓜，当时立刻就想成为支持"人口过疏反转协会"的一个边缘成员，送去了算不上是捐款的捐款。

像这样，自己种的南瓜变成了几千日元，这算是等价交换吗？再说回来，比起金钱，"支持者"的增多（网络的扩大）更让和田他们感到高兴吧。

和田制作的简报上写着："你们的捐款并不能让你们得到什么回报，但是你因此会感觉自己是个大人物了。"那么，只要有自己是个大人物的感觉了，也就不会在意究竟捐了多少钱。

中岛的情况又如何呢？以前他们是花钱让人来处理木屑，同时又花钱去别的地方购买电力，然而自从改变了这种做法，自己用木屑燃烧发电后，就出现了木屑和电力的物物交换。结果，上亿货币单位的交易消失了。相应地，用货币计算的 GDP 也随之减少。但是，真庭市的经济效益并没有因此减少，只不过是流到市外的钱留在了市内。

我们可以看到，物物交换其实非常深奥。特定人群之间的物物交换重复多次后，就会产生"人际网络"。这个网络又会在突发情况下发挥难以想象的作用。然而，话虽这么说，最后因为无法换算成钱，所以不管交换了多少次，人与人的联结变得再牢固，也无法用 GDP 体现出来。但是，因此就能否定它的价值吗？

记起高中的时候，汉语教科书里有一篇庄子的文章，是关于"浑沌"的故事。好心人给浑沌的脸上开了眼、鼻、口，结果事与愿违，浑沌因此死掉了。把那些没法弄得很清楚的事情硬要弄清楚的行为，有时候反而会损害了它的价值。那时日本尚处在绳文时代，而得出这个教训的中国圣贤恐怕是经过了千年的试错之后才悟到的吧。现代日本人是不是有必要再次细细咀嚼它的含义？

## 对规模效益的抵抗——金钱资本主义的对立命题②

里山资本主义向金钱资本主义提出的第二个对立命题，就是对于"规模效益"的抵抗。尽可能把需求更多地合在一起，一次性大量提供，这样能降低成本，减少浪费，扩大经济。针对这个规模效益的原理才将现代经济社会扩大到现在这个程度、实现了最大多数人的最大幸福的基本思想，可现在居然有人提出"住在里山，自己烧柴、种地的生活更好"，这是开玩笑吧。里山的人能买上几十万日元的小型汽车，还不是因为遵循了规模效益的原理，大量生产和销售带来的恩惠吗？

可是，把无法拿到市场上销售的蔬菜送给当地福利机构消费，这种有违规模效益的做法，如前面说过的，既扩大了地区内经济的循环，也加深了无法用货币来衡量的地区内的联结。这些也都是事实。买车时，我们按照金钱资本主义买便宜的车，至于食物和燃料，我们则可更多地自己来解决。这种只取所需的机会主义正是里山资本主义的最大本领。甚至说不定还能用节约下来的燃料费去再买一辆小卡车。

不仅如此，追求规模效益有时还会遇到一个很大的陷阱，那就是，规模的扩大会带来更大的风险。系统运转顺利的时候也许没有问题，万一哪里出了偏差，经济活动就会在大范围内受到打击。像"3·11"大地震时东日本地区的电力就是典型的案例。首都圈的日常运转所依赖的电力是在遥远彼方大量生产的，海啸和核事故发生后瞬间被冻结。然而，即使是在计划停电的时候，或者部分停电一星期、一个月的北关东以北的灾区，那些装了天然气发电系统或者太阳能系统的人家却能看得到灯光。违背规模效益，在平时是低效的后备系统，此时出色地发挥了作用。也有一些人，因为在和田先生那里学会了做生态炉，所以，即使没有燃料没有电，也靠烧柴度过了那段时光。

听说"3·11"大地震的时候，仙台市的水电供应很快就得到了恢复，但因为道路损坏、汽油不足，物流系统有一个星期左右陷入了瘫痪状态。然而，即使商店里没有食物，却有很多家庭渡过了难关。那是因为他们家里都有亲戚是农民，这样的家庭在秋天的时候会收到一年份的新米，所以他们至少能补充热量。没有为了追求更大规模的利益，把种的米全都出货给市场，而是选择拿出一部分大米分给亲戚，这样的习惯最终抵消了地震的风险。

如果东京发生同样的物流瘫痪会出现什么情况呢？首都圈的人习惯于什么都是用钱去买，仿佛金钱资本主义代言人一般，这些人是不是都能撑得下去？彻底去除了里山资本主义式的要素，大步向扩大规模效益迈进的代价，恐怕总有一天会让我们付出的。

### 向分工原理提出异议——金钱资本主义的对立命题③

接下来是里山资本主义向金钱资本主义提出的第三

个对立命题，应该就是对李嘉图的分工原理所提出的异议吧。分工原理的主张是，比起每个人做所有的事情，集中精力做自己最擅长的事（具有比较优势的领域），然后相互交换成果，社会效益将更高，社会的整体福利也会增加。这真是一个非常具有深意的理论。

然而，对于这个现代经济学的基础原理，里山资本主义的实践者像堂吉诃德那样对它发起了挑战。和田和他的伙伴们又劈柴又种地，还能干点木工活儿，做饭也很拿手。而工作，既涉及旅游观光，也涉及些类似邮购的业务，还策划各种联结不同地域的活动，有时候还要演讲。一人多角。不管哪一行，和专业人士相比也许比不过，但是靠这套组合拳还是可以的。

如果李嘉图看到了，也许会认为这是一种倒退，但是实际上的效率还是比我们想象得高。好比排球和棒球比赛中，有时候球会落到没有人防守的空当里，一人多角的话就能相互补位，不会出现无人防守的情况，也不会出现一个人一直忙碌的情况。熟练之后，就会出现 10 个专家做的事只需要 5 个能力强的多面手就能完成的情况。

也就是说，李嘉图的分工原理只有在保证每个人的防守范围都非常明确，并且防守范围不重复、也没有空缺的情况下才有效。而实际上，工作的结构会更加复杂，并不是那么简单就能分割开的。

因此，在现实世界里，如果硬是要贯彻分工的话，每个人的繁忙程度会不一样，然后就会出现需要拾遗补阙的情况。被认为世界上效率最高的日本便利店店员的工作方式就能说明这一点。在接待客人的间歇，店员要去仓库把商品拿出来，还要整理货架、打扫厕所、清理垃圾箱，等等。非常少的几个人，通过一人多角来提高效率。而且他们中很多人是学生、主妇，或者是剧团成员，在下班后还有别的工作。

事实上，可谓金钱资本主义最极致的产物——便利店里也实现了里山资本主义式的一人多角的世界。反过来说，庄原市的里山像便利店那样不容小觑。

中岛的铭建工业是集成材的制造商，同时也是发电业者，还是木质颗粒的制造、销售和运输业者。而从接待考察、增加当地温泉顾客这一点看，又像是观光后援团。单独来看哪一个事业规模都不大。但是，一社多角、独一无二的组合，给机构带来了巨大的活力。不只他们，笔者在全国各地所遇到的、充满活力的中小企业的中坚分子以及具有特色的个体事业者中，一个机构多个事业的情况是理所当然的。

以上这样的现实与经济学诸原理中最得力的分工原理之间看上去互不相容的部分将会如何被扬弃，就让我们期待今后的发展吧。

## 都市里也能轻松地实践里山资本主义

以上这些关于里山资本主义的故事，不知道读者朋友看了之后有什么感想。可能大部分人只是觉得"还真的有人利用乡村的资源，生活得很快乐呢"。但是，如果仅此而已的话，那就和看完介绍乡村生活的电视节目后感觉"这样还挺不错"一样了。也就是说，即使觉得不错，真的让大家都离开都市去乡村生活又太不现实。能做到的人自然最好都去试试，但恐怕大部分的人都做不到吧。

不过，我们也不必用"去或不去"这样二选一的思路来考虑这个问题。里山资本主义虽然非常温和，不是一种激烈的主张，但毕竟也算是一个"主义"，相信它能在绝大多数不生活在里山的日本人心中找到自己的一席之地。即使是身边没有里山和田地的都市人，但只要稍微改变一下目前的生活，也能小小地实践一下里山资本主义了。

例如，相信很多人已经在做了，平时在购买食品和杂货的时候，有意无意地选择"看得见生产者的商品"，那些在某个特定的地方、由某个特定的人利用当地的资源生产的东西。或者特地去那些看得到店主的小店里买东西。虽然可能贵一点，但是就像"能感觉自己当了一回大人物，所以即使没什么回报也愿意拿出捐款"那样。平时不发一言完成购物的人，偶尔也可以试着跟店里的人说句话。在用金钱购物的同时，如果顺便交换一下笑容和好心情，那么就有可能产生一点联结。

或者在外出的时候，有意识地寻找和购买用当地材料、在当地生产的土产。就算去的是全国连锁的商店，那里也一定会有只有那里才能买得到的当地的商品，有意识地去选择这样的商品。在旅行途中光顾的小酒馆里，特意点遍当地的啤酒。虽然有可能不合自己的口味，但是在这里就让自己再当一回大人物，用"捐钱来表示支持"。

送人礼物的时候，尽可能在自己居住的城市选择只有自己家附近才能买到的东西，而不是"因为不清楚对方的喜好，所以就选择哪儿都能买到的大众商品"。自己亲手制作的东西是最棒的。最近，东京银座有一个由当地有志之士成立的NPO（非营利组织）在大厦屋顶上养蜂。那些由蜜蜂从附近的行道树和日比谷公园的花丛里采来的蜂蜜被制成了银座原创的地产地消商品，大受欢迎，就连老牌西点店用这个蜂蜜做的蛋糕都卖得极好。在世界一流商品云集的银座都会发生这样的事，那么，在大家所居住的地方也一定会有什么是"只有这里才有的东西"。

就在你做这些事情的时候，哪怕你住在城市，也可能忽然有一天你家附近出现了一块空地。也许你会认为空地多说明不景气，但其实这跟景气没啥关系。长年来日本少子化问题日益严重，现在 64 岁以下的人口以每年 1% 的速度在减少。而国土并不会因此缩小，所以空出来的土地和房子也会年年增多。这样的空地，大部分一开始是变成一小时 100 日元的停车场，百元停车场做不下去了就变成月租的停车场。但是不久，连月租的停车场也经营不下去了，于是这块地就被空置在那里没人管了。如果你身边有这样不知道如何处置土地的人，请试着鼓起勇气向他建议，比如临时借来种菜怎么样？

那些不用买房也可以靠租房或者和父母同住过日子的人，如果手上已经准备好了将来买房需要的首付款，可以试着去乡村买一幢房作为自己的第二个家。或者先去一个和自己有缘的乡村租间房试住几年看看，如果真的喜欢那就再买也不迟。比起东京，那里有味道浓郁可口的农产品、好喝的水和清新的空气，你到时候一定会惊讶——居然这么便宜就能得到它们！就算不租房子，光是租块地尝试"周末农业"也是一个办法。

以上介绍了很多例子，越是难度高的选择，越有可能找到可以求助的人。有越来越多的企业、NPO 或者俱乐部专门为那些不知从何下手的人提供帮助。杂志、书籍、互联网上的相关信息也很丰富。这是进入 21 世纪之后日本的一大变化，而且在"3·11"大地震之后，这股潮流变得越来越明显。从一时兴起的尝试开始，愿意深入下去的人可以继续深入，觉得不适合的人也可以随时抽身，像这样方便用户的系统每年都在增加。何不利用一下？

## 用钱买不了你自己

"里山资本主义非常好，所以希望能用政府的补贴来推动。"也许有人会这么想，但笔者不敢苟同。

和其他国家一样，日本互联网的使用也是在某个节点开始爆发式增加的，然后，各大企业都理所当然地拥有自己的主页，有博客的人越来越多，接下来，脸书、推特等社交网络开始登场。这不是因为政府发了补贴，使用者才增加的。而是因为有意思，才会得以普及，因为能够得到某种满足，很多人开始愿意花时间和工夫在这上面。不用的人还是不用，甚至还有人毫不关注，但并不需要强制。真正的变化就是这样产生的。并且，笔者感到，里山资本主义的普及已经到了类似互联网发展初期的阶段。因为看上去有意思，因为实际尝试后也感到满意。我认为，像这样有实际感受的人增加到一定的数量，变革的漩涡就会从社会的底部悄悄地浮上来。

之所以这么说，是因为那些领先一步开始实践里山资本主义的人，看上去真的做得很有趣、很满足。为什么？其实，这是因为这个问题触及人这种存在的根本，同时它也是金钱资本主义和里山资本主义对立的根本。金钱资本主义在极端的情况下，会把人这个存在也换算成钱。可这是不对的，人不是金钱能买到的。不只是你，你的父母、孩子、兄弟也不能买到。真正能够相依相伴的人生伴侣也买不到。对你的父母、孩子和伴侣来说，你也是不能用金钱交换的。

　　然而，在那些彻底被金钱资本主义所洗脑的人中，有人认为自己的存在价值是用挣多少钱来衡量的。不仅如此，甚至开始用收入来判断他人的价值。但这是不对的，钱是购买物品的手段，不是衡量持有者价值的工具。即便因为购买了必要的物品，手中所持有的钱变少了，持有者的价值也不会因此下降。同样的，什么事也不做，光是省钱，把钱全都存起来，也不会有人因此认为你是"无法取代的人"。是的，人其实只是希望有人能对他说"你是无法取代的"。即便什么也没有，即便什么也战胜不了，"你依然无法用其他任何东西交换，无法做比较，你拥有属于你自己的价值"。任何人都只是希望有人这样认可自己而已。再进一步说，人应该都会希望自己在金钱因为某种原因不再起作用的时候，能在金钱以外的某种东西的守护下，好好地活下去。

如果是这样的话，我们需要的东西不只是钱，我们首先需要的，应该是人与人之间的纽带。因为，真正觉得你无法替代的，不是从你那里拿到钱的人，而只能是那个和你心连在一起的人。那就只有家人吗？如果没有家人的话，或者被家人所抛弃了的话，怎么办？不是的。人，无论是谁，都能和他人联结在一起。里山资本主义的实践者亲身感受到了这一点。

我们第二需要的东西，是和自然的联结。这是为了找回我们失去的东西。实际去感受在自己身边的、足以支撑我们生命的、来自大自然的恩惠。这样一来，因只有金钱可以依靠而感到的不安，也会在不知不觉中减少。里山资本主义的实践就是继承人类几万年来积累起来的、利用身边的自然的方法。

里山资本主义的世界其实是很久以前就已存在、无法用金钱换算的世界。知道有那样的世界，可能的话，加深与它的接触，这样，我们不就能逐渐找到那个无法用金钱换算的真正的自己吗？

# 第三章　不做全球化经济的奴隶

——不惜成本和人力的乡村生意获得了成功

（NHK 广岛采访组　井上恭介、夜久恭裕）

## 人口过疏之岛正成为 21 世纪的最前线

本书前几章主要介绍了一群留在乡村、发现当地资源、创造地域循环型经济的人。然而，时代的潮流开始发生逆转，有越来越多的年轻人放弃大企业，奔向人口过疏的地区。而且他们都是一些非常优秀的年轻人。接下来，我们就来看一下这股新的潮流。

其中一个就是位于山口县东南部的、漂浮于濑户内海之上的周防大岛。

周防大岛是濑户内海众多岛屿中的第三大岛。整个岛呈山岳起伏的倾斜地形，海拔 600 米以上的高山首尾相连，除了沿海岸线有部分丘陵地带以外，大部分都被山地所占据。另一方面，这里气候温暖，简直没有比这里更适合作物生长的环境了。年日照时间排在全国前几位，年平均气温 15.5 摄氏度。岛上从很久以前就开始利用倾斜地形和温暖的气候栽培柑橘类的作物。濑户内海，可说是日本的地中海。

然而，在经济高度增长期时，日本没有正确利用这些岛屿的优势，而是引进了大量生产、大量消费的系统。政府在1961年制定了以农业增产、农业生产合理化为目标的《农业基本法》。将橘子作为经济作物，指定其为"选择性扩大生产"的对象，推广大规模生产。这使岛上长久以来开展的、少量多品种的自给自足的农业受到伤害，人人都开始种植橘子。但是对橘子的需求并没有像政府期待的那样增大。雪上加霜的是，橙子和柚子的进口又得到了开放。面对橘子生产过剩这个问题，农户不得不把多余的橘子加工成果汁和罐头。然而加工用的橘子只能卖到能直接食用的十分之一以下的价格，很多种植橘子的农户因此无法经营下去。

　　结果很简单。岛上的年轻人看不到这个产业的未来，一个个地离开了这里。倾斜度大的斜坡日照好，因此被用于橘子栽培，但如今要把它整个转换为农地，则需要极大的劳力。没有了年轻人的梯田一块接一块地变成荒地。然后，不知何时，周防大岛的人口中65岁以上的比例，即老龄化率，达到了47.7%（2012年），成为日本老龄化最严重的自治体之一。

　　然而，最近的十几年，开始看到些微变化。已经持续了半个世纪以上的社会增加数（流入人口减去流出人口）终于停止了下滑。当然，老龄化还在继续，离开岛屿的年轻人本来就在减少也是主要原因之一，但是，移居到岛上的人近年也在不断增加。原本跟周防大岛无缘的人搬到这里，即所谓的"I型"流动；或者是曾经离开了的人过了几年又回来，即"U型"流动，等等。移居的形式各种各样。现在，濑户内海的众岛屿因为"里山资本主义"，正重生为年轻人发展和奋斗的前线。

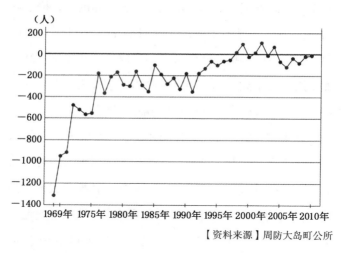

【资料来源】周防大岛町公所

周防大岛的人口流出（流入人口—流出人口）

## 从大牌电力公司员工到"岛上的果酱店主"

接下来要介绍的松岛匡史，即使是在周防大岛，也可算是先进的成功案例了吧。松岛在这个人口过疏的岛上所挑战的是一家兼营咖啡馆的果酱店"濑户内海果酱园"。

"果酱园"面向大海，让人联想起法国时尚咖啡馆，地板和柱子都使用了大量的木材，让人感到温暖。而咖啡馆内有三张木制的餐桌。坐在那里，透过巨大的玻璃窗可以看到濑户内海上漂浮的点点岛屿，让人尽享众岛美景。

再怎么夸它时尚，毕竟只是一个距离山口市和广岛市都很遥远的偏僻岛屿，这里会有客人来吗？当我们周末来到这里的时候，发现眼前的停车场里停满了车。有家庭也有情侣，咖啡馆宾客盈门。大家的目标是这里应季的自制果酱。春天有草莓和樱桃，夏天是蓝莓，秋天是无花果，冬天是橘子和苹果。再加上香草、肉桂、朗姆酒、红茶和巧克力等不同风味，竟有一百多种可供选择。人们被激起了购买欲，"这个不错，那个也要"，自己搭配的果酱可以先试吃再购买。适度的甜味让人心中一暖。这里的时间缓慢地流淌着。这里的空间，能让所有人，不管是孩子还是大人，都露出笑脸。

松岛原是京都人。2006 年辞去了电力公司的工作，以 I 型的流动形式从东京来到周防大岛开店。

这个想法缘起于 2001 年，他蜜月旅行时所到访的一家巴黎的果酱店。当时松岛的妻子智明正在逛首饰店，为了打发时间，他随意走进了旁边的一家果酱专卖店，看到这里摆放着一排排色彩丰富的瓶装果酱。松岛仿佛被那种美附了身，一看就看了一个小时。他对早逛完了首饰店、正不耐烦地等在一边的妻子说："买回去送人吧。"然后，一下子就买了三十几瓶。回国后，松岛做出了惊人的举动——他把几乎所有的瓶子都打开，一种一种地边吃边做比较。于是他产生了"开果酱店"的想法。当然，智明听得目瞪口呆。自己嫁给这个在电力公司——一个被认为最稳定的行业——工作的人才没多久，就被告知要开果酱店，也不知道能不能成功。然而，松岛没有放弃。据说，他花了三个月说服妻子。就这样，智明终于妥协了。"当然，一开始的三个月我只当没听见。就算整天在耳边念叨'果酱、果酱'的，可他既没做过果酱，连饭也不会烧，还说什么呢！就那种感觉。既像是在骗人，也像只是在痴心妄想，或者是自言自语，当时我就是这么看的。"

我们在跟智明聊的时候，松岛就在旁边抿嘴笑："如果说是妄想那还真是妄想呢。但是，革命就是从这样的地方开始的。"

松岛从零开始自学果酱的制作方法，好不容易掌握了，又遇到下一个难关——店铺的选址。一开始他觉得，如果要开一家时尚的店，当然要选择离消费人群近的都市地区。如果是在出生地京都的话，那就是要让果酱成为游客的手信。然而，松岛的岳父，在周防大岛当寺庙住持的白鸟文明先生听了他的想法后，竟然提出了一个惊人的建议："你能在周防大岛开店吗？"前面也说过，周防大岛正苦于年轻人都流向岛外，非常需要年轻的力量。

妻子智明觉得丈夫应该不会接受这个建议吧。谁知松岛居然一口答应。决定性的因素是，提供原料的果树就近在眼前。他觉得，在产地做果酱应该是个不错的主意！

然后，松岛接二连三地想出了各种反转的主意。首先，要找开店的地方。松岛选择的不是便利的国道沿线，而是宁静的海边。这让陪他找地方的岳父也感到吃惊。

"对一直住在这里的人来说，大海是没什么稀罕的，因为在其他地方也能看见。没人觉得这里有什么特别。"

而松岛的想法则完全相反：

"如果是从城市来这里，会想要在一个看得到海的地方喝咖啡。当时我就想，如果能在这里开店就好了！"

就这样，松岛开始了他的寻宝之旅，寻找当地人也没能发现的、闪闪发光的宝贝。

## 为自己也为当地带来利益的果酱制作

松岛为每位买果酱的客人准备了一份小册子。上面印着一些文字，标题为"在人口稀少且老龄化的岛上一个果酱店主的想法"，里面写着松岛的一些想法。

这个时代需要人们去发现地方的价值，开展扎根于地方的活动。使用当地种植的农作物，在乡村开展只有在乡村才能开展的事业，这才是理想的工作方式。这应该是振兴地方、为老年人带来生气、让年轻人重新回到家乡的一张王牌。（中略）能感受到土地和制作者灵魂的果酱制作。（中略）这才是我们视为理想的果酱制作。

这正是告别大量生产、大量消费的系统的宣言。不是为了经济增长而将地方看成是廉价劳动力和廉价原料的提供地，而是以将利益还给当地的方式进行制作。然而，也没有必要为此做出牺牲，自己也要能获得利益。松岛拼命地思考如何建立这个架构。

首先，松岛跑遍大岛，加强与农户的交流。也为了能够从农户那里直接获得城市里绝对无法得到的、做果酱的灵感。

松岛的智囊团之一是从祖父一代开始就一直在种植

橘子的山本弘三。从 10 月份的早生到翌年 5 月以后迎来旺季的、名为南津海的品种，他不仅种植十种以上的橘子，并且除了橘子以外，还有柠檬、脐橙、椪柑等多种柑橘类作物，是柑橘种植的名人。柑橘产地欧洲也有人特意来视察，就为了跟山本学习种植技术。

松岛在与山本以及当地柑橘农户的对话中，不断地获得新果酱的灵感。其中一个就是青橘酱。原料是那些酸得没法生吃的、还没熟的青橘。这种青橘听说会散发一种强烈到让虫子避之不及的香味，于是，新的果酱便诞生了。

提供灵感的不光是柑橘农户。周防大岛上有一种名为"东和金时"的红薯，听说很早以前就有人在悄悄地栽培。虽然和有名的德岛的"鸣门金时"是同一个品种，但是知名度没有那么高，是隐藏身份的特产。松岛不断地试错，希望能把它做成果酱。要把红薯做成酱的话，最大的难关是刚做出来很好吃，但是冷了以后味道就不行了。于是，就在这里诞生了反转的点子。松岛开发出了"烤果酱"这个新门类。不是在烤好的面包上涂果酱，而是面包涂上酱以后再烤来吃。于是，热乎乎的红薯散发出甜美的香味，充盈在整个口腔里。这成了冬季的经典。

"如果是在都市里做果酱，就不会产生像这样的点子。只有和当地人接触才诞生了这样的果酱制作，才成为这样的生意。"

松岛是这样评价自己的行动的。当然，毫无疑问，只有具备了探索精神和想象力的人才能获得这样的恩赐。

另一方面，对山本这样的果农来说，从作物中发现新价值的松岛让他们心怀感激。

"我们是生产者，所以很难踏出一步去参与加工。岛上大部分的农户都有这个问题。我们擅长生产，但加工和销售都是短板。所以，懂方法的人来岛上，就会有优势。"

## 畅销的秘密是"高价购买原料"和"不惜人力"

怎样做才能将利益返还给农户？松岛决定用高价购买作为果酱原料的水果。橘子也是以每公斤 100 日元以上的价格购入。一直以来，大小和形状属于规格外的加工用橘子，绝大部分都是作为果汁原料以每公斤 10 日元的价格被廉价买走。所以，100 日元这个数字让山本非常吃惊。"社会上有个观念，就是原料是很便宜的，比如 10 日元，人们只肯付这么多。而松岛先生以每公斤 100 日元购买原材料，这个单价非常高。但其实，那正是我们辛苦种植的时候，心里期望的价格。"

原材料买进来之后的果酱制作也具有松岛风格。首先，松岛不追求口味均一。一瓶一瓶，味道和风味不一样是理所当然的。这是经过无数次试错之后得出的结论。

此外，他还彻底追求手工制作。不依靠机器，纯手工制作，一来当然能作为一个卖点，二来还能增加当地的就业。进果酱店的工坊参观时，当地农户们的妻子有的在切原料，有的在剥果皮，有的在煮，看上去非常愉快地在做果酱。这里还能看到年轻人。他们以 I 型方式移居到这里后，没有办法马上获得稳定的收入，所以在这里兼职。像这样的人，这里居然有 22 个。

当然，原材料的费用和人员工资高上去的话，商品的价格也会升高。松岛卖的果酱，155 克瓶装的一瓶要700 日元左右，比大品牌制造商大量生产的商品要贵很多。但是，这里量少品种多，具有没被统一过的、充满个性的味道。更重要的是，在周防大岛这样一个美好的环境里，能看到做果酱的人的样子，这才是其一直以来畅销不衰的秘诀。

"我们能做些什么呢？来到这个岛之后我开始思考这个问题。只追求自己的利益最大化绝不是一件好事。找到对整个地区来说最合适的方式，这样的话，我们自己也能受益。正因如此，我们首先想要做的就是改善当地。"

## 想要来岛的年轻人越来越多

活跃在周防大岛的年轻人不止松岛。从 20 多岁到 40 多岁的年轻力量正不断地挖掘出岛上沉睡的宝藏，并将之发展成新的事业。

曾在福冈当厨师的笠原隆史现在 20 多岁，回到周防大岛之后，他想到，既然岛上果树多，那就应该能采到优质的蜂蜜，于是就转行开始养蜂了。他选择的是非常彻底的小规模经营方式——从养蜂到蜂蜜的装瓶全都由家人来完成，并且只在公路休息站等看得到的范围内销售，利润得到稳步提升。

40 多岁的山崎浩一 18 岁时离开周防大岛，在广岛、东京以及法国等地学习了烹饪技术后，以 U 型的方式返乡。他在岛内外经营多个经常客满的人气餐厅，还开发了用皮都可以吃的无农药橘子做的火锅。目前，他正在培育岛上的新特产。

这样的人还有很多。30 多岁的新村一成曾在广岛的食品加工厂工作，借结婚的机会回到岛上继承了家里的水产加工厂。2010 年，认识了松岛后，从他那里获得了一个点子，就是把之前因为个头太大不适合做鱼干而扔掉的鳁鱼（也称沙丁鱼）做成油浸沙丁鱼，于是，他开始了生产和销售。在进口油浸沙丁鱼数量繁多的情况下，纯国产油浸沙丁鱼慢慢地开始获得人气，现在已处于供不应求的状态。

"从城市移居到人口过疏地区，这样的变化已经扩大到了全国范围。"以东京涩谷为据点、常年开展年轻人创业支持的 NPO 法人"ETIC."这么认为。

ETIC.每年都要举办几次"日本全国！地域策划人集市"，这是一个想去地方创业的年轻人和接收团体之间的供需见面会。2011 年秋天，我们去采访的时候，东京都内的会场里挤了 220 人，气氛十分热烈，他们大多是在找工作的大学生和打算换工作的年轻人。

"我从北海道来！"从北海道到冲绳，来自全国各地的 22 个团体、U 型和 I 型返乡创业的前辈们面对这些年轻人，热情地介绍着在地方上工作的魅力。

其中，从离岛来的团体最为激动。"横沟正史的《狱门岛》就是以我们的岛为模型的！"来自冈山县笠冈诸岛中六岛的伙伴如是介绍。在町长的带领下，曾在丰田、索尼工作过的年轻人相互合作，如今俨然是地域复活象征的岛根县隐岐诸岛的海士町也有人来。岛屿因为远离本土，所以能够成为一个独立、完整的地方社会，是最适合实践里山资本主义的环境。

周防大岛来的是果酱园的松岛匡史和他的盟友大野圭司。大野属于 U 型返乡者。在广岛读的高中，在大阪读的大学，然后在东京工作。离岛 11 年后回到家乡，作为地方振兴的领导力量活跃在当地。

在周防大岛的展台，两位结伴而来的大二女生听了果酱店的成功经验后，不禁赞叹不已。

"我们都没听说过有这样的一个岛，觉得真是很棒呢。可以说是岛上形成了自己的世界，不依赖外面，靠自己的力量来实现，真是了不起！真好，真想去看看！"

"感受到一种想做就能去实现的氛围。因为大家没有上班族那样疲惫的神情，说起话来看上去都很开心。不是光想着自己，而是为地方着想，这样的话，应该还有很多事情能做呢。"

ETIC.的代表理事宫城治男对于这一趋势进行了如下分析：

"这几年的变化非常明显。一些无论去哪个企业都会很抢手的人才毅然辞职去地方工作，这样的情况开始出现在全国各地。在好公司拿着高薪的人，哪怕年收入减少到原来的一半，甚至三分之一，也想回家乡，想去地方上工作。这个会场里有很多这样的人。"

这家NPO法人以想要创业的年轻人为对象进行了问卷调查，发现如今的年轻人，5人中有1人想要挑战农业、渔业这样的"第一产业"，是过去创业热门的IT产业的两倍以上。

"我觉得是人们对于物质上的富裕和信息层面上的

丰富产生了饱和感。大家开始追求用五感去感受现实的那种乐趣。最有现实感的应该就是人与人之间的纽带，富有人情味的东西吧。此外，接触自然的工作也是非常有魅力的。"

## "新常态"改变时代

当然，社会上在乎收入、追求金钱的风气依然强烈，这是不容置疑的事实。但是，最早领悟了的，尤其是年轻人，正在另一种价值观的驱动下选择自己的人生。新的时代已经到来。

从以上观点来谈这个问题的是三菱综合研究所的阿部淳一先生。

阿部将地震后年轻人的新消费倾向命名为"新常态消费"，并进行了分析。

"新常态"是雷曼事件之后，以美国曼哈顿金融街为中心提出的新概念。投资家们认为已经不能期待以不断增长为前提的投资，这个名词就代表了他们的这种认知。这个词还没有严格的定义，在诞生地美国正引发各种讨论，而将它和年轻人的消费动向联系在一起的就是"新常态消费"。

他们追求的是"联结消费"（能够感受到与家庭、地域、社会之间联结的东西），而不再是仅仅为了自己的消费（名牌和高级商品）。看重的是如何充分利用现有的东西，发挥其"使用价值"，而不是想尽办法买新的，追求"拥有价值"。这些现象被认为是长期的、持续的变化，是逆转的消费倾向，而非一时的。

阿部认为这个趋势不是现在才开始的。1990年泡沫经济崩溃后就开始发芽，在水面下一点点地开花，到了雷曼事件时便一下子冒了出来，然后在"3·11"大地震后加速进展。可以说，2012年是"消费新常态化"的元年，也有人称之为"静悄悄的革命"。

## 52%、1.5年、39%，数字道出的事实

与之相对的是"旧常态"，也就是认为"增长是正道"的观点。战后，日本企业的销售额确实增加了，但其实利润并没有提高。也就是说，销售额的增长没有带来利润。实际上，日本企业在市场缩小的情况下，与增长迅速的亚洲其他国家的制造商不断地开展消耗战。阿部用具有象征性的数字来说明带来这个结果的三个现象。

首先是"52%"。这是从上市开始两年内消失的热门商品的比例。没想到新上市的商品里有一半以上从销售开始不到两年就消失了（社团法人中小企业研究所，《制造业销售活动情况调查》，2004年）。在20世纪90

年代之前，据说只有 8%，也就是说，九成以上的商品能在上市后继续在市场上留存两年以上。

接下来的数字是"1.5 年"。这是新发售的商品能够赢得利润的期限（经济产业省，《关于研究开发促进税制的经济波及效果的研究》，2004 年）。这与第一个数字也有关联，现在这个世道，短命的商品何其多，而研究开发却要花好几年。也就是说，再怎么努力开发，一眨眼的工夫就不再盈利了。在 20 世纪 70 年代之前，据说开发后盈利能维持 25 年。当时，开发者只要推出一个热销商品，就能靠它吃到退休。

就这样，近年来，日本企业为了赢得竞争，拼命开发新商品，这也导致了机构和人才的疲惫。从以下第三个数字可以看清这种情况。

工作满意度为"39%"（独立行政法人劳动政策研究研修机构调查系列 No.51《有关从业人员意识与人才管理的课题的调查》，2007 年）。不过，这还是地震前 2007 年的调查，现在应该更低。

"2008 年年初，小林多喜二的《蟹工船》成为畅销书。《蟹工船》的开头，主人公说的'喂，我们这是去地狱呢'！这句话不正是现在年轻人就业时的心情吗？不能忘记的是，近年来年轻人中抑郁症急剧增加。其中的一个原因就是机构和人才的疲惫吧。"阿部指出。

不是为了提高企业销售额，而是能让人感受到与地域和社会之间联结的商品才是人们现在开始想要的。而制造方也出现了想要提供这样商品的人，自然也是很正常的。

## 乡村有自己的发展方式

在人口过疏和老龄化严重的地区，只要能拿出点子，还是有很多沉睡在那里的宝藏可供挖掘的，而且风险也小。土地费用和劳务费等启动资金基本花不了多少，所以一开始不会产生高额的债务，当然也不用担心生产过剩造成库存积压。更重要的是，年轻人回来了。光是这一点就能让当地人感激你。"返乡"是现在吸引年轻人的新的职业方向。

然而，无论年轻人多么想去人口稀少的地区，那里毕竟是陌生的土地，而且困难也很多。乡村依然和过去一样，对于外来者怀有比较大的戒心。遗憾的是，有时候甚至还会出现一些麻烦。

周防大岛为了扩充接受外来人员的基础，不断开展各种行动。松岛他们建立了Ｉ型、Ｕ型返乡青年的网络，将之命名为"岛上生活"。首先，为想要创业的人提供岛上的信息，方便他们开展事业。有时也帮助他们建立与当地人的联系。他们还为已经成功的公司介绍实习生，或者为创业后需要稳定收入的人提供兼职信息。前人开拓道路，为了后来的人不再遇到同样的障碍，更加顺利地在岛上定居下来。松岛他们正是抱着这样的心愿开展这些活动的。

对于年轻人的这些动向，当地政府也做出了回应。2011年4月，当地建立了向年轻创业家出租办公空间的"挑战商店"。在都市的商店街，最近常常可以看到这样的服务，而在人口过疏的岛上还是很少见的。2至3坪（1坪约等于3.3平方米）稍显狭窄的空间每月租金1万日元。并且，因为就设在一年有28万人到访的"公路驿站"跟前，客流量喜人。卖蜂蜜的笠原隆史也在这里开店，增加了很多回头客。

我们还去采访了周防大岛的町长椎木巧。

"我是政府方面的人，最不足的地方就是虽有干劲但缺少点子。我自己也常常反省这一点，但同时也特别期待外来的那些完全不同类型的人能给我们一些主意，这样的话，相信一定能做出更有意思的事来。"

根据2012年4月开始实施的新办法，岛上有越来越多的空置房以极其便宜的价格租给申请移居的人。其他地区也有实施这个办法的，但大部分是行政部门单独进行，年轻人很难找到这些信息。而周防大岛则和"岛上生活"合作，通过信息共享更有效地找到租房者。

周防大岛正在加速推进他们的行动。过去，岛上也曾采取过像招揽大企业进驻这样的举措，现在需要对那些失败的招商进行反省。

"我们不可能像城市那样思考和发展。我们乡村要思考什么是乡村的发展，寻求适合当地的幸福和发展方式。"

采访松岛他们的节目是 2012 年 3 月在电视上播放的。播放后，不断有感动于松岛他们理念的人前来拜访或者发来邮件。

据说有一位自称来自山口县岩国市的五十多岁的男士，一进门就要跟松岛握手，并说："终于见到您了！谢谢！谢谢！"一问才知道，这位男子的儿子去东京就职，因为无法适应都市生活和工作而回了家，但又觉得"乡下的生活没意思"，也不找工作，把自己关在家里。后来看到了这个电视节目后深受感动，反复看了好几遍之后，说终于感受到乡下也有乡下的好，明白了在乡下努力工作的意义，于是就开始积极地找工作了。

另外，还有一位因为抑郁症病休了两年的女性，她写信说看了节目之后决心重新开始找工作。像这样，给松岛他们也带来勇气的故事还在不断地涌现出来。

### 地方的赤字源于购买"能源"和"物资"

介绍几个对考察松岛他们的行动来说非常重要的

数字。这是一张显示了各都道府县"地方收支"的表格（下图）。地方收支是指商品和服务对外销售的金额与从地区外购买的金额差，类似于国家的贸易顺差和贸易逆差，只不过这里是指都道府县级别的数字。

情况一目了然。东京和大阪等大都市圈都是顺差，与之相对的是高知和奈良那些拥有很多山村、渔村的县，外流的资金非常巨大。这些地区为什么贫困？那是因为□□□□□□□是往外流的关系。

□□□□□□□□取的办法就是招揽公共□□□□□□□□□站这样的再分配的措施。□□□□□□□资金，总算有了一些效

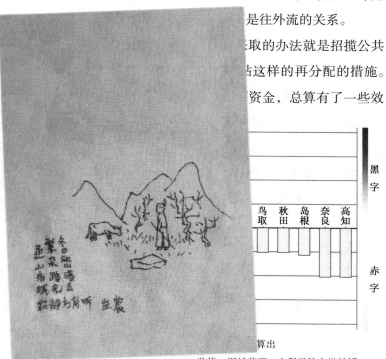

算出

监修：堀越芳昭，山梨学院大学教授

**都道府县的收支（县内生产总值中收支的占比）**

139

果，结果虽然有一部分成为当地人的收入，可最终这些钱还是流入了城市。并且，因为长期的不景气，城市也没有能力让足够的资金流向地方，这个方法本身就走到了极限。地域的衰退真的没法阻止吗？

其实并非如此。请看下一张表。这是地方财政收入最少的高知县的数字，按商品类型显示哪些是赤字哪些是黑字，这也可以看作是资金流动的健康检查结果。

农业、渔业和林业等第一产业都是顺差，表示非常健康，与之相对的是，除了电子零部件以外，工业加工品都是赤字。其中，赤字尤为明显的是石油、电、燃气等能源部门。此外，令人意外的是，食品饮料业也是赤字。农渔业等第一产业如此发达，对之进行加工的二次产品却需要从外面购买。正是这个原因增加了整个县的赤字额。

里山资本主义为我们提供了通过培育这些赤字部门的产业，减少资金外流，让它能在当地得到循环的模式。最近流行的"六次产业化"就是指通过将生产到加工、销售都放在当地进行，从而减少赤字项目的措施。松岛他们在周防大岛所做的，正是这种新的不依赖城市资金再分配、提高地方整体水平的方法。

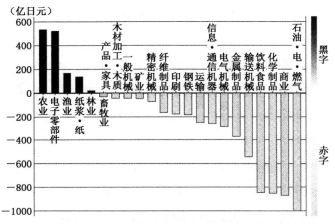

【资料】根据"2005年高知县产业关联表"算出　监修：堀越芳昭

高知县收支的详细内容

## 高知开启了真庭模式

地方收支的表中，高知县位于全国最后。仔细看可以发现，林业虽然是黑字，但是以之为基础的木材制造业却是赤字。在县知事的领导下，高知县正开始采取行动改变这种状况，同时，尽可能地减少能源部门压倒性的赤字。

2011年9月，高知县举办了项目启动仪式。在那里出现了本书第一章中我们介绍过的冈山县的建材制造商中岛浩一先生。尾崎正直知事花了两年的时间说服中岛将他建立的"真庭模式"引进高知。知事在记者见面会上坚定地表明，激活沉睡中的森林资源是高知县的生存之道。

"高知县森林面积占 84%，能不能让这 84% 的森林恢复活力，是关系到整个高知县的大问题。在山上伐木后运下山来，增加了附加价值后将其中的一部分销售到县外。"

光荣地被选为真庭模式试行地区的是位于高知县东北部，也是在四国山地正中央的大丰町。那里仅有居民4662 人，是一个人口特别稀少的地区。甚至连当地的出租车司机都在自嘲"10 年以后这个町应该消失了"。最早提出"极限村落"这个词的社会学家大野晃曾将大丰町介绍为日本的第一个"极限村落"。

"因为这里完全没有平地。"

町长岩崎宪郎看到，原本应该是町里最大产业的林业正在不断荒废，此现状让他产生了危机感。

町的面积中有九成是山林原野，其中七成是人工林。战后，当地人为了增加财富而特意栽种的那些杉树长得郁郁葱葱。然而，由于木材价格暴跌，居民们没有再管山里的树，自己则离开了村落。被扔下的这些山林由于生长过度，将整个村落包在里面了。战后嫁到这个町，并参与过植树的一位 80 多岁的女性非常悲伤地对町长说：

"过去我们和山生活在一起。现在不行了，这里挣不到钱。虽然整片绿绿的杉树看上去很美……希望在我死之前你们能想出办法。"

2012 年 7 月，在大丰町内的建设计划用地上举行了开工仪式。土地面积 4 万平方米，其中有一部分原是因为无人继承而关闭的木材加工厂。这是岩崎町长安排的町内最大的平地。从高知县知事到高知县木材相关团体的高层，众多的相关方都前来观看。当然，站在最中间的是中岛先生。

2013 年 4 月，这里建成了大规模的木材加工厂。产量是一年 10 万立方米，占整个高知县的年木材产量 40 万立方米的四分之一多。劳动力方面则计划从当地录用 55 人。当然，经济效果将遍及上游的林业至下游的零售业和运输业。

同时，这里还将建设以木屑为燃料的发电所。中岛考虑，可能的话再进一步申请获得"大臣认定"这个由政府认定的资质，尝试建造 CLT 建筑。首先想要用 CLT 建造职员的宿舍。如果能够实现，这将是日本第一幢 CLT 建筑。

尽管县知事亲自来请，但在开始的两年里，中岛还一直在犹豫要不要去帮忙。而现在，既然决定要做，那就去做，不再犹豫了。

"我一直认为，日本人本来就是非常擅长使用木头的民族，也有这样的历史。现在只是不巧没有做好而已。只需要重新记起那些一时被遗忘了的东西，然后调整成现代的风格。我们想要打开一个通风口，哪怕是很小的一个。"

## 日本正在迈向"令人怀念的未来"

里山资本主义主张通过活用身边沉睡的资源，让资金尽可能在当地循环，从而使地区变得更加富裕。各方有识之士也参与到讨论中，与当地开展实践活动的人们相互产生共鸣，建立起相互激励的关系。人类社会学专业的广井良典（千叶大学教授）指出，人类莫不是正在迈向"令人怀念的未来"？这话是在与庄原的和田、真庭的中岛以及周防大岛人的对话中自然而然说出来的。人类现在正奋力开拓着一个既让人觉得怀念但其实又是崭新的未来。

"令人怀念的未来"（Ancient Futures）是瑞典女环境活动家海伦娜（Helena Norberg-Hodge）提出的。海伦娜来到喜马拉雅山的一个深受全球化影响的、秘境般的村庄，看到那里的人们依然兢兢业业地过着传统的生活，她感到在 21 世纪，这样的价值观不仅对发展中国家、对发达国家来说也应该是非常重要的，于是提出了这个概念，广井教授在和里山的革命家们交谈的时候，想起了这个词。

广井教授开始讲解他的观点。回顾人类漫长的历史，不断扩大物质的量的时代，和人们开始转为关心真正丰富且有质量的生活的时代一直在交替出现。现在我们所看到的正是两者转换的时期。

"工业生产的时代，不管是汽车还是别的什么，全国、全世界，不但到处都是同样的东西，而且还根据这样整齐划一的东西的多少，来评判发展得是快还是慢。那是一个无论什么都用快和慢这个时间轴来看待事情的年代。但是，到了成熟的时代，渐渐地人们就会开始关心各地方特有的丰富性和多样性了吧。"

讨论中，出现了这样的一幕。有一群人，为了让一座因为没有人利用而被荒废的松茸山获得新生而在开展活动。广井教授认为他们身上体现了从现在这个只注重短期利益的经济向用长期眼光来评价成果的时代的转换。然而，松茸山再生研究会的空田有弘会长听后却说："我不太同意。"他说自己本来就没有觉得一定要出什么成果。

"有成果当然好，没有也没关系。大家进山，将山打理得很美，自己的心情也因此变得很好。70 多岁的人们热得两颊通红、浑身出汗。投入到山中的活里让人感觉舒服、爽快。这样就够了。"

听到这些话，广井教授露出无比美好的笑容，说道："太感动了。""就是这样的。为了将来的成果，来给现在定位，这就是现在的经济，这样的话，现在永远都只是手段。我们要从这里跳脱出来才行。"他继续开始讲他的见解。

考察几万年人类历史的学者和为了让山上再次长满松茸而挥汗的男子，正是在相同的立场上相互提高。就在这个瞬间，我不禁要说："这才是里山资本主义！"

## "Share"的含义在不知不觉中发生变化

小地方和小地方之间，不是榨取和被榨取的关系，而是以对等的立场交换信息、相互提高，这样的经济形态是和全球化经济所不相容、相对立的吗？专门对国际经济进行宏观分析的同志社大学教授滨矩子对此表示了否定。滨教授说，现在我们所相信的"全球化经济"已很过时了，而现实已经走出了这个概念，并且在不断地进化，对于这点我们要尽快意识到才行。以下，滨教授把全球化社会比作"原始丛林"的说明，一下子打破了我们"只存在弱肉强食的生存竞争"这个固有观念。

"认为全球化时代是一个强者生存的时代，这个看法本身就是一个误解。能够打败众多对手的人才最厉害，像这样去看全球化时代的人可以说他的想法早已落伍。我们住在全球化的原始丛林里。原始丛林也并不是只有强者的世界。从百兽之王的狮子到小动物，还有草木、细菌等等都存在着。强者像个强者，弱者像个弱者，大家具有多样的个性和功能，共同形成生态系统。这才是全球化时代。"

"Share"，作为体现全球化社会正在向着这个方向发展的一个词，浜教授认为最近它的使用方法发生了变化。

"过去，Share 这个词被认为是市场占有率的意思，比如想要成为"市场占有率第一"（share number one）这样的说法。现在怎么样？现在人们已经认为它是表示分享的意思，开始按完全不同的意思来使用了。全球化时代，越来越多的人开始理解什么是成熟的经济。"

那么，在这些人中所发生的"无意识的变化"，实际上在推动什么，又是如何推动的呢？它在显示怎样的可能性？山阴山阳地区所背负的另一个大"包袱"或者说"课题"是"耕地"，接下来，让我们围绕它的最新动向来思考一下这个问题。

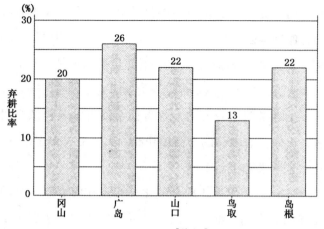

【资料】2010 年度农林业人口普查

山阴山阳地区各县弃耕比率

## "粮食自给率 39%" 的国家正出现越来越多的 "弃耕地"

祖先们辛勤劳动开拓出来的田地，为什么现在长满了杂草？

夏天，开着奔驰在山阴山阳地区的山间，满眼杂草丛生，一片荒凉景象。心中不断地产生疑问，同时又感到悲伤。

这就是 "弃耕地"。据 2005 年的统计，山阴山阳地区耕地总面积中弃耕地的占比，广岛县排第四位，岛根县排第九位，都是全国可数的 "弃耕地带"。弃耕地占 5 成以上的市町村也令人注目（广岛县的七市町、山口县的六市町的弃耕率是 50% 以上。濑户内的岛屿弃耕倾向特别显著，例如江田岛市 83%、上关町 87%、周防大岛町 52%）。

然而，经常有人跟我们说，这也是没有办法的事——人口稀少地区因为老龄化严重已经没有人种地了。年轻人为了工作和生活都下山了。

但是，这些理由无法让人接受。好好的一块地，只要引水过来就能种稻米了，难道不觉得可惜吗？不会去想想怎么来使用它？真的没有人想要使用它吗？

于是又有人这么回答：日本大米种得太多都过剩了，所以是特意不种的。又说什么种得太多米价会跌，不能给现在种稻米的农户添麻烦。确实，弃耕地是在"减反政策"（战后日本政府所推行的通过减少稻米种植面积来减少稻米产量的农业政策）之后开始增多的。

没办法，大部分人都会就此放弃耕地。然而，主张里山资本主义的我们，不能这么轻易败下阵来。我们要再稍微坚持一下。

在粮食自给率这么低的日本，说这样的话不是很奇怪吗？

打开农林水产省的网站，其实就是像前面那样写的，2011 年度以热量为基准，也就是用"日本人所摄取的营养中，有多少是由本国所提供的"这个尺度来看，日本的粮食自给率是39%。一直在宣传要提高自给率，然而15年里数字都没有什么变化，看不到改善的趋势。哪怕1965年的自给率曾高达70%以上。

我们再具体地看一下。大米的自给率是96%。减少那么多稻田，自给率居然不到100%，这不免让人产生疑惑。但据说，这是因为根据政策，每年要从海外购买少量大米。

问题是其他作物的自给率。小麦的自给率是11%，油脂类13%。战后吃面包的人开始增多，最近意大利通心粉等面食的食用机会也增多了，还有煎炸食物等使用油类的烹饪方式也多起来，这些可以说是整体自给率下降的一大因素吧。

还有一个让人在意的数字，有关畜牧产品的数字。完全自给的是16%，生产中依靠进口饲料的是48%。也就是说，即使肉和蛋本身是国产的，但因为饲料是海外进口的，所以不能算自给。

知道了这些情况以后，产生了下一个疑问：没有人利用弃耕地来种植饲料吗？

于是又有人反驳。对于从美国等海外国家进口的饲料，在价格上我们没有办法竞争。然后，这些人还会给你看美国中西部谷仓地带雄伟景象的视频。广阔的土地上在进行着高效的农业生产，巨大的联合收割机运转着。我们在狭窄的梯田上再怎么费尽工夫地开展农业，也不可能战胜他们。"不赶快普及大型农业，日本的农业就没有明天了。"他们这么说。

这就是所谓的"常识性问题的理解和解决途径"。然而，这个常识真的对吗？

## "牛奶的味道每天都不同"成了卖点

我们来到日本有名的弃耕地带岛根县的山间进行采访。在这里，我们十分惊讶地看到许多来自没有"所谓的常识"的世界里的居民。

洲滨正明，29岁。他借了一片长满杂草的弃耕地用来放牛。一年365天，一天24小时，牛儿们就这样每天自由地在草场上散步，想在哪儿吃草就在哪儿吃。乳房胀了就跑到牛舍让人替它挤，挤完后就又回到草场上。

牛完全没有吃谷物，但仍然有奶。光吃草的牛挤出来的奶会不会不好喝？怎么会！喝一口尝尝——惊人地醇厚。

弃耕地是免费借来的。因为主人说了，反正没人种，尽管用吧，还省了我割草的工夫，正好。

当然能卖的牛奶量不是那么大。每天的量也不一样。但是，这才是最自然的牛奶，有人就喜欢买这样的牛奶。自制冰淇淋也深受好评。

最重要的是，每天的花费几乎为零；同时，还能确保有足够的收入养活自己。

最吸引我们的，是洲滨先生脸上平和的表情以及慢悠悠的说话方式。

"说到杂草，人们总认为它是无用的东西，但是这种无用，对我们来说却正是求之不得的牛的饲料呢。"他静静地微笑着说，然后继续道，"牛的压力也很小。"

确实如此。弃耕地恢复了原来美丽的样子。放着牛的草原上，因为牛儿很快地把浓密的草都吃掉了，现在成了一个凉风拂面的牧场。牛儿有的卧坐着，有的吃着草，按照自己的心意悠闲地生活，真的没有任何压力呢。

我们忽然想起平时媒体报道中所看到的"痛苦的奶农"，为什么差别这么大呢?

因为进口谷物价格高涨导致饲料费用越来越高。尽管这样，因为市场上的牛奶量太大，收购价不升反跌。被迫关门的奶农越来越多，结果导致黄油供给不足。

以为多了，一下子又少了，真是让人费解的情况。

当然，全日本的奶农没法都像洲滨那样做。那样的话，就没法满足全国的需求了吧。但是，对于目前奶业认为理所当然的常识，我们有必要试着怀疑一下。

举例来说，其中一个就是"牛不吃谷物就产不了浓厚的牛奶"。我们采访后惊讶地发现，原来光吃草，牛奶也可以很浓香。

洲滨不以为然地说："牛吃很多种不同的东西呢。从山白竹到艾草，吃的应该有几百种了吧。饲料的话就不可能这样了。虽说是混合饲料，植物的种类应该也就几种吧。所以我们这里的牛奶可是很浓的呢。"

这么一说，我们便懂了。

"牛奶不压价就卖不出去"这个常识也很奇怪。洲滨的牛奶是一般市场价的五倍，但还是卖得很好。那也不奇怪。在这么健康的环境里生活，吃这么自然的草，挤出来的奶自然会让人想要喝。而且原本产量就不大，在你说太贵买不起的时候，很可能就已经卖光了。

只以价格为指标，以大量生产来压低单价，卖不出去的时候就把牛奶倒了以免市场供应过剩，像这样让人看不下去的经济常识，在这里是不存在的。

洲滨最近开始更加大胆地"打破常识"。他打算把自然放牧所带来的"牛奶的味道每天都不一样"做成自己的优势。

有常识的奶农听了一定会暴跳如雷。因为，大部分奶农相信品质稳定才有市场竞争力，为此他们一直在努力。但是，市场，其实也就是我们消费者，真的在乎这样的事情吗？

"常识"所想象的，对于品质不一所做出的市场反应是这样的："价格跟昨天一样，但今天的牛奶比较淡，真是吃亏了。你要给个说法！"但是，对于自然放牧的牛奶，有人会提这样的意见吗？

听了洲滨的做法，又听到"请尝尝每天不同的牛奶味道"，藻谷先生比较了一下牛奶的味道，然后，用一句话说出了这个"打破常识的价值"。

"挤奶日特定的味道。"

就是这个道理。我们除了"大量的、品质均一的东西"以外，还有别的价值观。就像在红酒的世界，认为具有独一无二的特征并且量产很少的东西是有价值的，所以给予"特定年份的"这个名称。只不过做梦也没想到这样的价值观能用在牛奶上而已。

不为常识所束缚的洲滨，今后想卖更多的每天味道都不同的牛奶。晴朗的日子，牛群穿过草原来到森林，在那里尽情享用山白竹。是这样的生产的牛奶，在草原上长满香草的季节里，微微透着香味的牛奶。

确实，这样做的话就能把自然放牧特有的"故事"告诉人们。光是听听就让人心动。然后，让人们重新感受到，牛奶不是工业制品。

在这"品质均一"变得理所当然的时代，人们反而更想珍惜独特的品质也即个性的价值，难道不正因为是这样的时代，"打破常识"才得到认可吗？

## "弃耕地"是能满足所有条件的理想环境

有几位年轻女性，她们每天兴高采烈地开着小型货车前往弃耕地，在那里耕地、种菜，被称为"耕种的主厨"。

她们在岛根县邑南町开设的、由町观光协会直营的意大利餐厅里工作。利用弃耕地开展农业劳作，自己种的菜自己烹饪，然后提供给客人。

她们原先都不太了解农业。更准确地说，基本都是外行。其中一位安达智子女士，25 岁，大学毕业后在横滨当网站设计师。安达对在自然中的生活和工作很有兴趣，周末还曾特地去茨城租了一块地，享受种菜的快乐。

她多少也意识到了，离开城市就找不到工作、也就没法生活这个"常识"其实是不对的。通过支持返乡青年的非营利组织的介绍，她在接受我们采访的 1 年半前，在完全陌生的岛根县邑南町找到了"新工作"。之前没有任何基础知识，甚至在连岛根和鸟取都分不清的情况下她就去了。

对于移居到这里的安达，当地人都很惊讶："为啥来这样的地方呀？"就连提出"耕种的厨师"这个概念，在邑南町工商观光部门负责招聘的寺本英仁主任都说："大家都说，不可能有人来的。"

反倒是安达，对大家的话不以为意。因为"新工作"具备了她所梦想的所有条件，提供了最理想的环境。

家的附近就有可以自由使用的土地。都市里的菜园大都离家很远，光是交通就很累人。而都市里金额不菲的租赁费，这里则不需要。在这里，安达这个也想种，那个也想种，还想尝试有机农业。只要有想法，不用顾虑太多就能请人介绍有经验的农户来教自己。在都市里的话，"老师的课"是只有在规定时间里才有的，而这里，身边这样的老师要多少有多少，町里到处都是种地达人。

此外，还可以将采摘的蔬菜做成菜肴提供给客人。客人就在眼前品尝，还有人会告诉你他的感想，并且付你钱。"耕种的厨师"餐厅一年约有17000人光顾，简单计算一下，就是一天50个人。把这么好的地方交给一个像自己这样什么经验也没有的人，邑南町简直让她觉得是个"世外桃源"。

这是她们的真实感受。

就算认真学习考上大学拼命找工作，也很难拿到企业的录用内定。面试时，不是说你这里不行，就是说你没有魅力无法录用，自信心受到各种打击。就算终于冲破了种种障碍入了职，待遇也未必好。长时间的工作，收入却不成正比。一直生活在把这样的事看成理所当然的世界里，做梦也没有想到过，世界上还有邑南町这样的"世外桃源"。

每天早上听着鸟叫声醒来，在清爽的空气中走向菜地。弃耕地对当地人来说似乎是个想要避免提起的话题，他们会皱着眉奇怪地看着你说："你居然在那样的地方工作啊？"这是为什么呢？安达因为没有奇怪的成见所以很难想象。她反倒觉得，到处都是可以自由使用的土地这件事更不可思议呢。而且，因为长年弃耕的关系，土地没有残留农药和化肥，对于开展有机农业，真是提供了绝佳的条件。

"当你拔草拔得很累的时候，抬起头，一阵清风吹过，令人心旷神怡。在自然中，又是人口密度这样小的地方，真的没什么压力呢。"

就在安达说这些话的时候，对面的小学响起了熟悉的悠扬铃声。

不管怎么想都会觉得安达的想法是正常的，有问题的是我们的常识。土地这种东西，用的人多了价值就会升高，用的人少了价值就会下降。价值降到极致的土地就是"可以免费使用的弃耕地"了吧。然而，即使不要钱也没人用。信息如果通畅的话，肯定会有潜在用户来申请使用，但是他们现在被屏蔽在外面。

为什么这样的事会普遍存在，而没人管呢？

## 活用弃耕地的关键是乐在其中

松江市郊外的弃耕地最近发生了有趣的事。据说，看到外行们在那里快乐耕种的样子，专业农户也恢复了干劲。

在岛根县政府所在地松江市，那些家附近没有菜地的城市居民中，自己想要种菜的人开始增多。就在他们寻找可供使用的土地的时候，发现在开车 20 分钟左右的地方有一块弃耕地。于是，这些市民建立了一家非营利组织，在市政府那里获得了许可后，便着手把荒地开垦成农地，开始种菜了。

这些人中有不少人完全是新手。但越是新手，越容易被感动。收获的时候，这里简直热闹非凡。渐渐地，到处都可以见到这样的景象了。和吃超市里买来的菜相比，感受到的价值完全不同。于是这些人整天期待着去种菜。到了休息日，还有人带上儿孙在那里过上一整天。孩子们的欢声笑语让弃耕地一下子成了欢乐的地方。

荒废已久的土地上所发生的变化被附近的农户看在眼里，颇受感动。他们感到自己似乎忘了什么重要的事情，于是也在荒地的一角种上了茶树苗，然后开始期待小树长大，期待采茶的那一天。

在鸟取县的山沟八头町，人们正在围绕弃耕地的有效利用展开一场有趣的讨论。大家讨论得很认真。"我们是为了挣钱在做，还是因为快乐才在做呢？"结果，讨论之后得出一个很酷的结论。大家发现，他们都认为快乐才是最重要的。

他们正在开展的活动是养殖某种鱼。把弃耕的稻田向下挖 20 厘米，然后从水渠引来水，养殖一种叫暗色颌须鮈的淡水鱼。暗色颌须鮈身长 20 厘米，是琵琶湖的特产，在京都的日料店很久以前就是重要的高级食材。用炭火烤或者做成甘露煮来食用，是味道高雅的白肉鱼。

2000 年前后，鸟取大学长期研究淡水鱼的七条喜一郎注意到，暗色颌须鮈在水稻田的池子里也能生长，于是就开始在八头町的弃耕地里养殖。试养后发现很顺利。初夏，把鱼苗倒进池子。饲料就是池塘里水蚤这样的浮游生物。撒上酱油渣或小麦的话，拿它们当食物的水蚤就会多起来，暗色颌须鮈也就跟着长大。长成后就需要正规的饲料，但在那之前基本不用费什么工夫。鱼的味道也好，用稻田来养鱼本身又很好玩。

祖祖辈辈留下的稻田如今被荒废在那里，为此感到惭愧的农户们一个个地开始把稻田变成了池塘。参与的人年年增多，现在整个町已经有 51 人了。养鱼热还传到了附近的町和其他县。

然后，问题发生了。因为新加入的人激增而造成了产地间的竞争。

暗色颌须鮈拿到京都去卖确实能卖得很贵。在被称为"古都的厨房"的锦市场，甘露煮 100 克可卖到 1500 日元以上。然而，喜欢吃这种淡水鱼的饮食文化只存在于京都周边。大家一旦争先恐后地涌去京都市场销售暗色颌须鮈的话，就会产生竞争，然后价格就会跌下来。

在挂着"八头暗色颌须鮈共和国"字样的手写招牌的据点，核心成员们正聚在一起开会商量对策。

为了维护高级鱼的品牌，必须做些什么呢？能不能扩大市场？一直沉默着听大家讨论的七条忽然开口了。

"我们原来是为了什么开始的呢？"

七条这么问大家。起初大家因为看到祖辈传下来的田地被荒废了而感到难过，想着能不能拿这些没被好好利用的土地做些什么，所以才开始养殖暗色颌须鮈的。原本就不是想着要赚钱，或者能不能收支平衡。因为开心所以去做，这样不是挺好的吗？因为这个（赚钱）去跟人竞争真是太荒唐了。

对七条而言，除了"开心"，还有一个很重要的原因就是"为家乡感到自豪"。

我们在稻田里养高级鱼，这件事本身就值得自豪。

大家聚在一起，讨论各种美味的烹饪方法。推杯换盏中，自卖自夸地称赞味道好。然后，一边给那些不知道暗色颌须鮈的人介绍鱼的吃法，一边夸赞自己的家乡出产这种鱼。

这种自豪感都已经传到了孩子们那里。自从学校午餐开始用暗色颌须鮈以后，孩子们变得都很自豪。七条

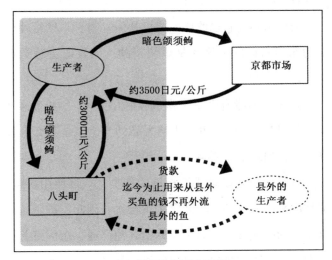

暗色颌须鮈的经济效益

161

多次访问小学，每次都反复地告诉孩子，养育暗色颌须鮈的水有多干净，而我们正是生活在这样的环境里。"这样多好啊，让孩子们爱上自己的家乡。"

## "必须拿到市场上去卖"只是个幻觉

这个案例很好地说明了事情的本质。束缚在耕地上的观念被改变后，出路便意想不到地出现了。

那是怎样的一些常识呢？第一，既然是耕地上种出来的，那就必须是"将它变成数额相当的金钱的经济行为"这个常识。换言之，就是必须要在"市场这样的地方"卖掉换成钱这个常识吧。被这个常识所洗脑的人所没有看到的是，一旦换成了钱，就会有一种价值消失。

为什么不能自己吃呢？自己快乐地耕种，然后种出来的东西自己吃，这才是最快乐的，而且还会感觉很充实。

为什么不能自己拿来做成食物给人吃呢？"这是我做的哦！"就这样边说边请人品尝，这该是多么令人高兴又感到满足的事啊。

可是，一直以来我们相信的却是，既然使用耕地，那种出来的东西便一定要拿去市场卖。因此，拼命地追求东西的品质和量，为了不输给其他产地，在价格上和他们竞争。听说进口商品更便宜，就唯唯诺诺地"答应降价"。

于是，如果这块地只能种出"没有战斗力的商品"，那就干脆选择什么都不种好了。放弃耕地，吃的东西从外面买回来，然后自给率就一直下降，直到今天。

这样做增加了地方上的生活成本，令地方的生存变得很困难。虽然这是很基本的观念，但是我们需要重新认识这个事实。

## 不断收获市场"外"的"副产品"

在弃耕地种菜的市民，因为自己种了一些，所以，那部分的菜就不用去超市买了。这里抛给我们一个重要的问题。

从什么时候开始，我们把"兴趣"变成了只能用钱去买的东西？包括兴趣在内，生活中所有的东西都被认为只能用工作挣来的钱去购买，像这样单向的系统为什么被我们看成了金科玉律？这是抛给我们的问题。如果凭兴趣种的蔬菜能帮我们节省开支的话，就没有比这更好的事情了。不仅如此，如果开支减少的话，那么原先收益不高的事业不也就可以做了吗？

如果用当地池塘里养的暗色颌须鮈来做学校的午餐，就没必要从町外买鱼了。看上去同样是付钱，但是其中的含义完全不同。如果用的是外面的鱼，那么钱就会往外面流，但如果用的是当地的暗色颌须鮈，那么钱就留在当地了，然后，就会在当地循环。

看上去，经济活动的规模变小了，但其实生活变得更富足了。这就是里山资本主义的精髓。

不仅如此，到手的"富足"不只是金钱一类的东西，还会不断收获像"快乐""自豪"这样的"副产品"。

还有很多其他的副产品。邑南町工商观光部门想出"耕种的厨师"这个概念的寺本这么跟我们说。

"安达小姐刚来这里的时候看上去非常疲惫，上班总是迟到。不过很快就好了。可能是因为当她住在城市里的时候，她只是几百万人中的一个吧。到了这里，就成了一万人中的一个，会感觉自己很有用。"

有一个衡量指标能如实地反映这个情况，那就是，在这里被"感谢"的次数会比都市里多得多。同时，安达说"感谢"的次数也增多了。充满感谢的交流能让人变得精神。而在都市里，这样的交流正变得越来越少。

安达除了自己种菜以外，还会去几个农户家，包括教自己种菜的老师家买菜。那时候，她会借机问他们各种问题。从这菜叫什么名字开始，到如何种植和分辨好吃的蔬菜、如何烹饪出好吃的食物……农户们有问必答。问的大部分问题对农户们来说都是理所当然的事情。但是，他们不会觉得麻烦。不仅不觉得麻烦，而且特别愿意回答。渐渐地变成每天都在想，安达快点来吧，还想跟你聊天呢。

就是这样的。聊蔬菜是件快乐的事情。这么快乐的事情，为什么之前都没去做呢？是安达让我们意识到这件事。然后，今天安达也和往常一样，说完"谢谢"后便回去了。

就在人们还以为乡村没有明天、只能去城市、别无选择的时候，我们看到了乡村所具备的尚处于沉睡中的"实力"。

安达是这么形容这件事的：

"这里有非常好喝的水，还有森林，简直什么都有！多好呀。虽然我是这么说的，但当地人好像觉得，对年轻人来说，还是那些能买到很多东西的地方，比如超市更好。但其实不是这样的。当地人有各种各样的智慧和靠自己的力量生活下去的能力，这些都是现在特别需要的东西，我就是为了学习这些才来到这里的。"

我们相信，只要安达所说的成为常识，那么地方上就会发生巨大的变化，然后对都市里的人产生影响，让整个日本发生巨大的改变。

# 第四章　克服"无缘社会"

——世界先进的福利国家也来学习"过疏化小镇"
的智慧

（NHK广岛采访组　井上恭介）

## 反对"依赖税收和社会保障的一体化改革"

我们真的能靠自己的力量拿出这么巨额的资金吗？
不管选举是哪个政党胜出，不管将要推行的改革有多
好，最终摆在人们眼前的还是关系到自己钱包问题的
"税收和社会保障"。

有些人认为，希腊之所以会发生那样的事是因为那
是一个不负责任的国家。这种心情可以理解，但那只不
过是回避一些你不想看的东西而已。国家没有钱就牺牲
养老金和社会保障的不只是希腊，法国也发生过同样的
事情。在事情变得无法挽救之前，法国政府不顾国民的
坚决反对，下决心切掉了一部分福利，借此法国财政避
免了破产。

在日本，中央加地方一共有1000兆日元的负债。
这些钱不知道今后什么时候还，该如何还。不仅如此，
社会的老龄化问题还会越来越严重。到了没有能力工作

的时候，生活需要养老金，生病时需要医疗费，一个人没法独立生活的时候还需要护理保险。日本将变成充满老年人的国家，所以，需要的钱只会越来越多。危险正在升级。

真的只能一直抱着这样的痛苦吗？是准备巨大的资金来支付老龄化造成的社会成本，还是降低老年生活的水准，减少支出，减少需要准备的资金总额？是不是只有这两个选项，别无他途？

对以上常识产生怀疑，并提出还有别的路可走的，就是里山资本主义。凭什么断定老年人只会花钱，是社会的负担？养老金用完了就真的只能等着挨饿？凭什么认为没有产业能力的乡下就是无用的？

这个疑问，也是对一直在腐蚀日本社会的"无缘社会"（人与人之间失去联结的社会）提出的质问。背井离乡来到大城市却遭遇挫折，失去地缘、血缘之后陷于孤立状态的人最后孤独地一个人死去的事件急剧增加。据说，他们中有很多人最后依靠的是父母的养老金。

"最后的希望是养老金"这句话正象征着现在的社会状况。如今这个时代，原有的地缘和血缘这样的社会安全网被认为过时而遭到嫌弃，人们从那里摆脱出来去追求自己的幸福。于是诞生了最极端的形式就是养老金制度——不麻烦任何人，用年轻时积蓄起来的养老金过悠然自得的老年生活。遗憾的是，这个制度是以经济不断增长为前提的。并且，设计时也没有预测到一个只有老年人的社会。一直在讨论的"税收和社会保障的一体化改革"可以说正是想通过对这个设计进行某种程度的微调，让社会能够渡过难关。

但是，目前我们需要拿出精力认真对待的难道不是在接受新前提的基础上，进行根本性的"重新设计"吗？这是一个"经济增长迟缓的时代"，大部分的人即使背井离乡来到城市，也无法期待"成为有钱人"这样的成功。我们能做的只是哀叹政治和官僚的糟糕，因前途黑暗而陷入绝望吗？

绝没有这样的事。能做的事还有很多，各种充满活力的实验正在山阴山阳地区的山村里进行着。

## "不利条件"不是缺点，而是藏宝箱

行驶在广岛县庄原市的道路上，你可能看不到一个人，但一定会看到一样东西，那就是空置房。闲置已久的房子，房檐已经塌了下来，一副破败的样子。于是，有一个人，在看了太多这样的光景之后，开始决定要做点什么。正因为这里都是空置房和老年人，所以，最后他决定要进行一场"关于福利的实验"。他就是在庄原运营老年人和残疾人福利设施的社会福祉法人理事长熊原保。

熊原住在和田芳治家附近，作为"人口过疏反转协会"的成员之一，一直以来都很活跃。很多人认定"这样的乡下没有未来"，不再继续思考，而熊原却把人口过疏看作一个优势，不断摸索一条能利用这个优势解决眼前问题的道路。他比和田要小一辈。不同于时常用刺激性的语言去带动大家往前走的和田，熊原是位身材较瘦、眼镜后面的小眼睛总是静静地微笑着的绅士。

熊原一直在思考如何有效利用"空置房"。他认为与其感叹"又有人离开家乡了"，不如积极地把它看作"又多了一个免费使用的资源"。其实仔细想想，在一般人看来，到处都有随时就能使用的漂亮房子应该是令人羡慕的环境呀。城里人为了租地和租房要支付高额的租金，并且为了支付高额的房租，必须努力工作。那么，这里房地产成本低应该是优势才对啊。

熊原努力推进空置房的利用，把它们变成当地老年人聚集的日托中心等设施。长久没人住的房子会渐渐破损，所以要尽早找到利用途径，尽早开始行动。房屋破败的话，周围看到的人也会感到落寞，从而士气低落。相反，再生后的房屋则能成为带来地区活力的源头。建立日托服务的据点，能促进当地年轻人的就业。这既对找不到工作的年轻人来说是个好消息，同时，周围有年轻人在生气勃勃地工作、劳动，也能给地区带来活力。当然，房屋的租借手续确实比较复杂，空置房的利用没有想象的那样简单，但也不能因此放弃。只要一点点地增加成功案例，路就会越走越宽。熊原是这么相信的，也在一步一个脚印地做。

走在路上，眼前是破败的空置房一间连着一间的乡村景象。"这样的情景我已经看到很久了。"这已成为熊原的出发点。我问他为什么想在这里努力，为什么能在这里努力？熊原告诉我他所设想的地方的生活方式。"福利事业其实和人口过疏的问题是一样的。用一个不太好的词，就是有'残障'（不利条件）的人和地区，有很多缺陷的人和地区。但我不认为他们是弱者。他们就像藏宝箱一样，拥有闪闪发光的东西。"

"不利条件不是缺陷，而是藏宝箱"这样的逆向思维促使熊原不断努力。他说，只要你相信它，那么，它就能成为你的原动力，给未来带来希望。

多么积极的想法！这里面没有酸葡萄心理。熊原完全没有勉强自己。我们听了他的话，再去看了他开展实践活动的地方，渐渐意识到，占据我们大脑的常识是多么地贫瘠和脆弱。

一味地将老龄化和过疏化看作缺点，然后只会难过和怨恨，这样的想法是多么贫乏。接受现状，然后从中找到大家能够做的事情就行了。可以去创造一个不同于"年轻社会"的、沉稳而富足的"成熟社会"。

那是一个什么样的社会？正在我们眼前同时进行的几个实验性项目，为我们拨云见日。

## "多到烂掉的蔬菜"正是宝贝

终日大雪纷飞的冬天。这一天，熊原和平时一样，在养老院跟前来接受日托服务的老奶奶安静地聊天。然后，只见他忽然拍了一下膝盖叫道："是哦，这个可以有！我这就去办。"他说着便开始行动。他们究竟说了什么呢？

原来，老奶奶说的是："我家菜园里种的菜怎么都吃不完，烂掉真是可惜。"

在这里需要说明的是，接受日托服务的老人，在养老院里看上去都是"要人照顾的人"。确实，大部分人都超过 80 岁了，腰也弯了，走路也很慢。但其实，他们回到家里，生活都是能自理的。不仅如此，每天还很精神地去地里种菜。虽然种得不多，不够拿到市场上去卖，但自己吃的基本都能自给，并且，蔬菜还会多到只能让它烂掉。

在阳台上用栽培箱种过菜的人应该明白，像茄子、西红柿这样的蔬菜，如果长得好，即使只有一棵，只要好好地种，就会不断地结出果实，一下子就会多到吃不完。更何况他们都是长年从事农业的专业农户，种菜的水平不是外行能比的。尤其是单身或者只有老夫妻俩的家庭，每天能吃的量非常有限，结果就是这些菜不停地长、不停地烂掉。

土生土长的熊原不是不知道这样的事。他当然知道。但是，即使是像熊原这样的人，也会被某种常识所束缚。他没有想过可以把这些菜拿到他的福利院当食材。

熊原每天都在苦思冥想如何改善养老院的经营状况。地方上虽然老人多，但这并不意味着经营上就很轻松。毕竟目前这个机构还没达到光靠护理保险的钱就能轻松运营的状态。给服务人员支付的工资绝对不能算高。虽然劳动条件很艰苦，但是护工们的收入却还不够生活，很多人同时还在别的地方打工，全国都是这样的情况。

但是，熊原认为，在老龄化不断加速的情况下，乡村如果要发挥它的社会功能，那么像这样的设施，或者社会福祉法人那样的机构便是不可或缺的。这是因为在乡村，人与人之间原有的联结已经消失，人口过疏又加大了它的负面影响。所以，福利院虽然是人为的，但它能维系住人与人之间的联结，其社会意义将会越来越大。所以，熊原不安于现有的制度，决定去尝试挑战。只要能让设施的经营再轻松一点，让劳动者的待遇再好一点，他愿意去做任何能做的努力。

然而，即便是这样，熊原也没有想过福利院里的蔬菜是可以去市场以外的地方购买的。他被固有的观念所束缚，认为食材就应该是"在公共性比较强的地方每天大量消费的东西，应该通过大量收集、大量销售的物流系统来获取，这样更合理"。

堆在福利院厨房里的蔬菜都产自外地，是那些在市场的价格竞争中胜出的"优等蔬菜"。员工们虽然很努力地选择进价更便宜的地方，设计食材成本不高的菜谱，但是他们偏偏忘了注意自己的身边。就在这个时候，某一天，在与老人一次很平常的谈话中，熊原突然获得了灵感——老人种的蔬菜不是可以拿到福利院来加以利用吗？如果能将吃不完的蔬菜加以利用的话，那么就能大大减少购买食材的费用了。

## "有用""干劲"成为生命的意义

这个"发现"不仅对福利院，对该地区来说也具有重大的意义。这一点可以从之后的顺利推进过程中看出来。

熊原很快让福利院的工作人员做了一次问卷调查。"你们愿意把种的菜当作食材提供给福利院吗?"随后,包括利用日托服务的老人在内,竟有 100 个家庭立刻回复说:"请一定让我们提供。"

我们拜访了其中一位名叫入君春子的女士的家。入君女士和丈夫弘司过着两人世界的生活。这对 80 多岁的夫妻,如果穿上日托中心的睡衣,看上去就是"需要照顾的老人",但是去拜访时看到的他们却非常精神抖擞。菜园出人意料地大,里面种的蔬菜之多,两个人无论如何是吃不完的。但是他们说,如果不种那么多菜的话,土壤就会变得贫瘠。

入君女士说,以前菜不会烂那么多。左邻右舍常来常往,家里种的菜做成各种料理,互相交换品尝。

"做了团子会拿去请隔壁邻居吃,邻居做了菜饭也会拿来给我们,关系可好呢。"

然而,曾经来往的那些家庭现在大多只剩下空置房了。同龄人都相继过世,房子也没人继承,于是村落变得越来越冷清。入君夫妇同时还失去了重要的东西,那就是"干劲"。就在这个时候,他们收到了熊原的问卷,于是二话不说就同意了。他们很高兴能为大家做点什么。

福利院决定试验性地收购一些蔬菜,入君家也接到了通知。夫妻俩提前两天就在货仓里准备好了大量的洋葱和土豆，等着人来拿。他们脸上充满了生机。

"真是太高兴了！从没想过要让他们感谢。那么点小事，居然还说帮到大忙了！"

## "社区货币"让财富在当地循环起来

熊原在与"点子王"和田等人商量后，开始着手建立一个让地区变得更有活力、让人们真实地感受到富足的系统。那就是作为蔬菜的回报，发行能在地区内使用的"货币"。

原本运到福利院厨房里的蔬菜都是外地产的。这就意味着，这部分钱都流到地区外了。如果这些钱省下来购买当地蔬菜的话，那么钱就能留在当地。如果再进一步，设计一个系统，让支付的货币只能在本地区内使用的话，那么"财富"就会在地区内循环起来。前文中，我们通过能源等案例所反复说明的里山资本主义的精髓，在这里也得到了运用。

迄今为止，社会福祉法人所运营的福利院每年要花费 1.1 亿日元购买食材。而这次，熊原定了一个目标，即将其中的十分之一用老人们种的蔬菜来替代。向提供食材的老人所支付的报酬，则是社区货币。老人们可以用这些货币来支付日托中心的服务费，也可以在社会福祉法人经营的餐厅等地方使用。于是，当地的伙伴开始在图纸上设计，不久，画有笑脸的社区货币就诞生了。

发明者熊原为此兴奋不已："目前为止流到外面的钱，现在流到当地老人们那里了，这意味着今后会有很多事情跟着动起来。社区货币会成为促进地方振兴的一张王牌。"

初夏，工作人员陪着福利院的残疾人一起坐着面包车，一户户地轮流去老人们的家。在玄关处通报了来访目的后，开门时还面无表情的老人们，脸上一下子都露出了笑容。到了菜地，大家便一起开始拔萝卜。

面包车也来入君家了。入君女士已经等在廊下，丈夫弘司也急着从菜地里跑了回来。

菜园里的青菜已经能吃了。工作人员咬了一口立刻叫道："好吃！"夫妻俩笑着说："开始摘吧，装满一箱！"

入君女士高兴地把工作人员带到了他们的仓库，让他们把前一天收的菠菜也拿走。

这天入君提供的是青菜 18 公斤，菠菜 10 公斤。也就是说福利院里 300 人一天的蔬菜有了保证。

然后，开始计算作为回礼要给他们多少社区货币。工作人员说："今天的蔬菜特别新鲜，就按广岛中央批发市场的价格吧。"听到这话，入君女士惊到了："这可不行啊！这些菜送给你们都没关系的。你们不来拿的时候，他爷爷就是把它们扔在树底下等着烂掉呢。"两人推来让去一番后，价格最终定为市场价的一半。入君女士笑着收下了社区货币。

第一次拿到社区货币的入君女士，就像第一次拿到跑腿费的孩子一样，走到丈夫弘司身边给他看（因为入君女士的动作一直都是慢慢的，所以是走过去的，如果是孩子的话，一定会飞奔过去了吧）。

"他爷爷，他们说可以用这个去餐厅吃饭呢！"

弘司转过身来看着工作人员，满面笑容地说："太感谢了！"

快乐的声音响彻了充满空置房的村落。这个瞬间，入君女士重新找到了她遗忘已久的"干劲"。

### 地方能创造适合亲子生活的环境

熊原的挑战还在继续。

餐厅里写着"可以使用社区货币"。这家餐厅是开始利用老人种的蔬菜时开设的。那么这里究竟是个什么样的地方呢？为什么是社会福祉法人在经营？其实，这里很好地体现了熊原所追求的"不利条件不是缺陷，而是藏宝箱"的社会进化状态。

这里的餐厅不仅仅是一家餐厅，旁边还同时开了一家保育园。这也是由熊原的法人机构运营的。

早上，是我们经常见到的孩子们上保育园时的风景。可是，只见有一位妈妈送完孩子后飞快地跑进了隔壁的楼里。原来她是在餐厅的厨房工作的。

在山阴山阳地区的山村，就算你再有干劲，育儿中的母亲也是很难找到合适的工作的。她们本来就业机会就少，兼职的岗位也很有限。不是距离远就是时间不对，还要在意周围人的看法。熊原想要为这些妈妈创造理想的工作环境。

其中，在这里找到工作的榎木宽子是这么说的："我已经当了五年多的主妇，所以对于到社会上按照一般的工作模式工作有些抗拒，也没有自信。而在这里工作，还能常常看到自己的孩子。如果不是这样的地方，我很可能会犹豫吧。这里的工作对我来说太有吸引力了。"

当然，餐厅最多也只能雇用两三个人。但是，其实他们还有想要传递给外界的信息，那就是，正因为是乡村，所以能创造出让妈妈和孩子都能生活得充满生气的环境。信息的传递是很重要的。

对育儿的家庭来说，乡村能够提供城市里无法实现的令人羡慕的环境。春天，保育园的孩子们几乎每天都会和老师一起去附近的稻田或河畔的田间小道游玩。摘到蜂斗菜和笔头菜的孩子高兴坏了，跑去大声地跟老师汇报他的收获。看到这样的情景，一定会有很多父母想在这样的环境里养育孩子吧。

然而，乡村也有它的不利条件，那就是就业机会少。很多时候，面对这个问题，乡村只能沉默。

但其实，城市也有很大的不利条件，那就是父母想要工作但是孩子送不进保育园。儿童入园难长年得不到解决，成了日本的社会问题。现在，政府终于开始说要扩充保育园，打算投入资金进行筹备。然而，现在城市还出现了就业难以及有了孩子也养不起的低收入问题。对于这些将来要肩负起日本未来的孩子们，要在什么样的地方、如何来养育他们呢？社会要如何支援他们的父母呢？现在正需要我们看清这个时代，认真地讨论和应对。对于这个状况，熊原的行动为我们带来很多启发。

## 让老人、妈妈和孩子都能充满活力的机制

通过在工作场所的旁边开设保育园，熊原帮助地方上的妈妈们克服了她们的障碍。同时，这个机制还消除了其他几个不利条件，仿佛黑白棋中的黑子那样一下子全都翻成了白子。

其中一个就是让乡村的老人们特别烦恼的、没有地

方可以愉快地享受午餐这个问题。

这家餐厅原是一家因经营不善而关门的店铺，熊原买下来后重新装修了一下。很难期待这里宾客盈门，但据说附近的老人很期待能偶尔来这里吃顿午餐，和住得有点远、平时很难见面的朋友一起在这里度过快乐的时光。熊原听到了这样的对话后，便想要让这家餐厅复活。

装修完重新开张的时候，有位打扮得很漂亮的老人带着自己的朋友来店里吃饭。她就是住在附近的一二三春江女士。

丈夫过世后，一二三女士一个人住在偌大的房子里。最近，她去地里干活的时候，总会顺便漫无目的地到处走走。她说自己之所以散步，是为了能在路上碰到什么熟人，或者能跟人聊几句。如果不这样的话，很可能一整天都没个人跟她说话，这样的生活实在太寂寞了。

所以，能在重新开张的餐厅里和朋友一起吃午饭让她高兴万分。被明亮的自然光所包围的餐桌上，不断地传来欢声笑语。

带了自己的朋友来这里用餐的一二三女士看上去很自豪。她的钱包里有社区货币，午餐的蔬菜里有一部分是由她的菜园提供的。南瓜做的奶油焗饭端上来了。服务员介绍说，这道菜里的南瓜是一二三女士的地里种出来的。大家都交口称赞菜好吃又好看。然后，在结账的时候，一二三女士的社区货币又有了用武之地。她笑着说："我要更加努力种菜才行，现在又有干劲了。"

令人高兴的事还不止这一件。只要老人们愿意，他们还能和隔壁保育园的孩子们一起玩。熊原所提供的这个机制，不仅帮助老人克服了"午餐难"，而且连"接触不到儿孙辈的困难"也被解决了。

一二三女士和她的朋友刚走到孩子们当中，就马上抓住了他们幼小的心。她唱起熟悉的童谣，伴随着歌声做出各种手势和舞蹈动作，这些都吸引着孩子们的目光。老人们手把手地教孩子们做传统游戏，就这样不知不觉地开始带着孩子们玩了起来。想想也是，这些老人都是带过好几个孩子的专家呢。这种安排，不仅让老人们很开心，对孩子们和保育园来说，也帮了大忙。

玩了一会儿之后，就到了午睡的时间。老师对孩子们说："今天就到这儿了。"孩子们一听都哭了起来："还要玩儿！下次什么时候来？"一二三女士被问得胸口发热，多可爱的孩子们啊。不仅是老人、孩子和保育园的老师，就连妈妈们也感受到了无比的幸福。

为什么这个机制这么好，有位碰巧在场的妈妈一语中的：

"原本我们母子俩很孤立，每天去保育园，把孩子交给老师后就回去了。但现在就不再只是那样的关系，而是受到周围很多人的照顾，让人觉得特别温暖。这也让我感到放心，孩子通过和各种各样的人接触能学到很多东西呢。"

## 无缘社会的解决方案就是互为"有用"

这个方法里，没有一般社会问题中常常牵扯到的"孤立"问题。

一直以来，我们在社会发展中，总是习惯将各种不同立场的人分割开来，遇到问题时再想解决的方法，然后用钱去解决。不管是老人、孩子，还是想要工作但孩子没地方寄放的主妇，都被认为是社会弱者。然而，单独看也许他们是弱者，但其实对他人来说，他们也都是有用的，这个"有用"是相互交叉的。交叉得越多，受到帮助的人也越多。原本觉得"不好意思让人帮忙"的人因此有了"干劲"，人也变得精神了。你会忽然发现，那些曾经孤立的人们现在已经联结在了一起。

有些人在无缘社会的孤独中生活，为了要那点养老金，拼命地隐瞒父母的死亡。而这里，则没有这样让人感到心寒的悲凉。不是为了消除孤立而讨论解决方法，而是不断地思考如何让地区内有困难的人能够发挥自己的作用，问题解决了，孤立也就自然而然地消解了。花的钱也比每次有了问题再去解决时花的"对策费"要少得多。这才是我们应该选择的解决途径吧。

进一步看，这家餐厅似乎理所当然地选用当地生产的新鲜、安心的无农药蔬菜作为食材，而城市里的人若要购买让人放心的食材，却要特地到高级食材超市，并且花很多钱才能买到。在这里如此简单就能得到，而且还这么便宜，城里人知道了恐怕会气得牙根痒痒吧。如今，大型连锁的居酒屋和汉堡店也在花心思建立新的系统，比如在店铺里贴上写有产地和生产者名字的照片，让客人了解生产者的情况。而在这个餐厅，不但能见到农户本人，还能在一起聊天说笑，不分生产者、客人还是店员。人们真正地联结在一起了。

在这个机制里，福利院里的残疾人也在发挥作用。过去，大部分残疾人只能在社会就业中心这样特殊的地方工作，很少有机会和外面的人接触。但是，在熊原所建立的这个机制中，残疾人也是重要的角色。去老人家里帮忙收菜，所到之处，老人们都会跟他们说"谢谢"。拔出一个大萝卜时，会被夸赞"力气好大呀"。有几个还轮流到餐厅里帮忙端菜。他们在这里可以和客人们聊家常，为大家带来欢笑。

熊原还安排他们去隔壁的保育园教孩子们如何端

菜。孩子们都很感动，会跟他们说："谢谢您教我们。"
同时，孩子们也因此知道了世界上还有身体有障碍的
人，他们努力工作的样子会深深地印刻在孩子们的记
忆中。

我们日本人要如何摆脱无缘社会，从这里可以得到
一些启示吧。

## 里山生活的达人

一个个让人惊叹的点子，惊涛骇浪般超预期的进
展。为什么熊原能建立起这么棒的机制？那是因为他与
和田等人已经在一起反复讨论了 20 年。哪里做得好，
哪里做得不好，这么多年一路总结过来了。

每次，当我们去采访和田，请里山的改革者们聚到
和田的据点进行拍摄的时候，总有一个人在一旁默默地
生火，为大家准备美味的火锅、意大利馅饼或者烟熏食
物。他就是令和田他们也另眼相看的"里山生活达人"
西山昭宪先生。"生态炉"就是经过西山先生多次改造，
才成为今天这个样子的。我们请他带我们参观了可以说
孕育了很多点子的达人生活。

西山先生每晚 9 点到 10 点间入睡，早上 3 点起来
开始一天的活动。"种地，除草，做早餐。"他说，"每
天快乐得不舍得多睡。"

这样的西山，其实也曾一度去城市工作过。后来他觉得把时间浪费在上班路上的生活不适合自己，于是就回到了家乡。现在，他白天作为技术员在通信公司工作，下班后就过他的里山生活。

"到了时间就回家，到了时间就睡觉，第二天又是到了时间就出门，如此不断地循环往复，这就是城里人的生活。而住在乡下的话，我可以想，是要除草呢，还是干些别的？要做的事情有很多。我喜欢这样的生活。"

有一天，在下班回家的路上，他拿着渔网去了附近的小河。由于下游建了大坝，因此小河里能捕到的鱼少了很多。当地捕鱼协会设定的捕鱼费是一年8000日元。即使是这样的一条河，也能为一家人的晚餐提供足够的美味了。

妻子惠利香站在桥上。"那里有很多鱼哦！"她笑着指给丈夫看。西山依言撒下了网，在空中划出漂亮的弧线。个头很小的鲇鱼被网住了好几条。因为被封闭在大坝的上游，所以这些鲇鱼长不大。"但是，这种鱼不管是拿来烤还是烟熏，都很好吃哦！"西山高兴地说。

回家的路上，妻子惠利香去山里绕了一下。树底下放着栽培香菇的原木。她摘了几个长大了的香菇回来。

"比起去买，自己采来吃更有乐趣。每次都很期待，想着今天能摘几个？"

傍晚，西山端坐在走廊里，用炭火烤鲇鱼，悠闲地、仔细地。这样烤出来的鲇鱼惊人地好吃。而一边看着红红的炭火一边烤鱼本身就是再幸福不过的时刻。

　　晚餐丰盛得让人以为进了哪家高级日料店呢。刚才烤的鲇鱼连着铁签摆放在西山自己做的木盘里。旁边的拍松鹿肉是用朋友在山里打到的鹿做的，此外还有一盘香菇做的素菜。

　　他们的孙女沙也乃问道："哪个是买来的呢？"于是大家开始数："有酱油，啤酒。啊，还有那管芥末。"沙也乃天真无邪地说："偶尔也想吃点好的。"问她什么算好的，她回答道："拉面呀、意大利面。"大家哄堂大笑。

　　另有一天，西山在下班回家的路上顺带去了一个地方。到家后，惠利香和沙也乃一听说有礼物，就跑了出来。只见西山从包里拿出一个报纸包的东西，打开一看，是一根大大的山药。两人高兴得叫起来。

　　旁边还有一根奇形怪状的弯曲的树枝。"这是什么？""这是给奶奶捶肩用的。"惠利香脸上又露出了笑容："这礼物真让人高兴呢。"

　　这天傍晚，西山拿着小刀坐在走廊里，专心地削那根捡来的枝条，做成了一个捶肩棒。


　　西山的每一天都充满了里山生活的精髓。不花钱，而是花工夫。要的不仅是做出来的东西，还要享受做的过程。时间缓慢地流淌。家人的笑容。用21世纪的标准重新衡量的话，他们的生活品质高得惊人。

而正是这位西山先生，曾多次提到："'这'才是里山生活最大的乐趣，同时也是智慧。"他说的就是"还情接力"。

## "还情接力"正是里山的精髓

这里所说的"还情接力"，就是指在日本的乡村，人与人之间相互照顾和回馈的无限循环。大家还记得吗？和田先生因为受到关照，送给对方一个刻有赠言的南瓜作为回报。就像那样，大家以帮助或者礼物的形式回报对方，然后有来有往地一直进行下去。

和田对于"还情"是这么说的："这事儿很有意思。请别人帮了忙，那下一次我要怎么还他呢？为此花心思可是很有趣的。怎么才能出乎对方的意料？想想就让人兴奋！"

西山夫妻对于这个"还情接力"的可贵之处深有体会。其实，惠利香在几年前做过乳腺癌的手术。手术后身体还是不怎么好，整天闷闷不乐。鼓励他们、帮助他们的是那些乐于助人、"爱管闲事"的当地人。他们找各种借口跑来关心西山夫妇，比如因为上次请他们来拔草，或者拿了他们的烟熏鲇鱼，或者就算什么也没拿过。他们的心意令西山夫妇非常高兴，所以有聚会时，就算有点勉强也尽量去参加和帮忙。和大家一起畅怀大笑，不但让人神清气爽，而且不多久又会有什么礼物还回来。就这样在不断反复的过程中，心情和身体也得到了康复。

惠利香每天都要去一个地方，那就是家里的后院。因为那里长满了茵陈蒿，那是之前朋友送给她的一种叫"茵陈蒿"的野草，据说用来煮茶喝对身体有好处。每次看到这种草，每次用它煮茶喝，惠利香心里都热乎乎的。

"身体还是会好起来的哦，不要输给它哦——像这样鼓励我、支持我的人，在我身边有很多，成为我的药，让我感觉自己又有了精神。心里充满温暖，不想输给病魔。感恩大家。"

秋天，隔壁的村子举办庙会，西山夫妇拿了一小包东西出门了。他们去朋友家一起品尝庙会上的美食。

庙会本身几乎是零成本的。孩子们的服装是一代代传下来的，化妆则由当地的妈妈们负责。每个家庭都带来了精心准备的菜肴，基本上不是自己做的，就是别人送的。主菜是用山里采来的、香气扑鼻的当季香茸做成的传统食物"香茸寿司"。

西山到了朋友家。去客厅之前，他先到厨房把带来的包裹打开。里面是前些天在山里挖来的那根漂亮的野山药。"好棒哦！"妇女们欢呼起来。

当一家的长者、90岁的老奶奶在宴席中央落座后，晚宴就开始了。这是与无话不谈的朋友一起度过的快乐时光。酒过三巡，他们被主人带到外面。主人拿着长长的竹竿来到一棵高大的柿子树前，让他们想要多少就摘多少。

西山夫妇提着比来时更大的包裹，兴致勃勃地观看庙会的表演。我们从中看到了"还情接力"精髓的一个侧面。

惠利香最近癌症复发了。我们打心里祝福她能依靠"还情"的温暖力量得到康复。

让我们再仔细听一下西山的话吧："在东京那样的城市，人们会抱怨都是政府不好，或者说出如果没有谁来帮助就绝对不行这样的话，而我们不会这样。我们称之为'还情接力'的东西，不是钱而是人的力量。我做自己能做的事，去帮助周围的人；而我做不到的事，则由周围的人来帮助我。由别人来替我创造我所无法创造的时间。当我让别人为我创造了自己所创造不了的时间，那么，我又会花时间来回报。"

我们要趁着日本还留有这样美好的风俗习惯的时候

重新评价它，作为开拓 21 世纪的智慧，不断地打磨、完善它。

## 世界先进的福利国家正在学习"21 世纪里山的智慧"

以西山这个达人的实践为原动力，和田他们不断地讨论，拿出各自的智慧建立了"21 世纪的里山系统"。这个系统越过东京这样的都市，直接传播到了海外。

有一天，熊原的福利院里来了两位来自欧洲先进福利国家芬兰的客人，她们是研究福祉相关课题的大学教授。她们原本是来参加在周边地区召开的研讨会的，听说了关于这里的事，便直接过来采访了。熊原对她们表示热烈欢迎，并马上带她们参观了入君女士等当地老人一周一次举办日托服务日聚会的会议室。然后，他们在福利院的咖啡馆里聊了起来。

熊原向她们介绍了他对"整体护理"的看法，以及通过利用老人们种的蔬菜建立资源循环系统的各种实践。教授们听得不由探出了身子。

"我们没有这样的循环系统，这真是很棒的主意，是社会革新。让我们看到衰退的地区和农村存活下去的机会。我们会把您这些绝妙的想法带回去。请出口到我们国家吧。"

被来自先进福利国家的专家如此称赞，不仅我们，熊原也十分惊讶。

但是，熊原不愧是熊原，在交换意见之后，他总结道：

"我认为这种做法也许可以拯救世界。"

这里必须注意的是，这两位教授既不是通过东京广告代理店的介绍，也不是看到主流媒体的报道，而是自己找到了熊原这里。现在，全世界正在运用草根的网络积极地收集那些让地方开出小花的 21 世纪的智慧。世界，在开展经济竞争这个"表面的全球化竞争"的同时，也在加快进行看上去平静实则激烈的"草根的全球化竞争"。我们要更多地意识到这一点才好。

谁能率先掌握 21 世纪新的生存方式并且变得富有？

日本有名的人口过疏地区山阴山阳地区具有成为领跑者的潜力，向世界展示 21 世纪课题的解决方案。我们必须清楚地意识到这一点，并且做好充分的准备。

# 第五章 从"强势的 20 世纪"到"柔美的 21 世纪"

——拯救问题先进国的里山模式

（NHK 广岛采访组　井上恭介）

## 新闻主编眼中的日本的 20 年

一年多来，我们和藻谷浩介先生组成的团队将被嘲笑为偏僻之地的乡村所传播出来的、21 世纪最先进的实践命名为"里山资本主义"，并且不断地向世界追问它的意义。我们惊讶于仿佛"水"和"油"一样互不相容的两种反应。

有些人像"水"一样自然地接受了那些普通人的美好的生活方式，以及那些能让现在的生活得到一定改善的智慧，并且愿意去尝试。这样的人即使用 U 型或 I 型的方式返乡，也不是单纯地在当地企业找个"职位"，而是具有敏锐的嗅觉去寻找金钱以外的财富。

有这样志向的人正在以加速度的方式增加，已经形成了从城市到乡村的人口流动。

在鸟取县，有很多年轻人以当地行政部门也不了解的方式到来并且充分融入了当地社区（原先可能是从县政府设置的招募Ⅰ型返乡人群的网站得到的信息）。问他们"为什么会来这里?",得到的是调皮的回答:"因为不想工作。"不管是性格还是外貌,他们看上去都是"塌着肩"、有气无力的样子。但因为人手不足,试着让他们来组织一次庙会的时候,他们却出人意料地非常有毅力,做事能负责到底。所以,无论是当地的大叔还是孩子,都对他们大为欢迎。听说他们能帮忙除草,马上就有人来请,还提出送给他们一年份的大米;又听说能在纪念品商店里做手工的手机链,于是又有人来请,他们愉快地一直做到半夜,然后拿着一大堆做晚餐时剩余的食材回家。

看到这样的年轻人,有一定年纪的人都会想起,过去,乡村举办庙会或者例行活动的时候,那些在家排行老二、老三的"脾气很好的小伙子"总是占据人群中央的位置,非常活跃地发挥作用。但是战后,这些年轻人被捧为肩负经济高度增长的"金蛋",一个个地离开了家乡奔赴城市,农村再也看不到他们的身影了。就在不久之前,他们中有些人在城市的梦想破灭后回到家乡的话,还能投靠继承家业的、严格的兄长。可是后来,连那些能接纳他们回家的长男都去都市里工作了,故乡失去了"接纳、养育的力量",这样的人也跟着消失了。

我们这些新闻编导在这二十多年里所采访的种种现

象，正反映出以上事态发展的"表""里"两个侧面。

有一次的采访让我们至今印象深刻。经济泡沫破灭后的 20 世纪 90 年代，发生了一件让人震惊的事件。在东京市中心的电车上，一位流浪汉死在了座位上，半天也没有人管。我们在他的遗物中找到了池袋站发行的车票和咖啡馆的火柴盒。为什么他只能死在电车上？有没有其他人像他一样？于是，我们花了大概一个月的时间采访了池袋站周边的无家可归者。

建筑工地的活儿在经济景气的时候是要多少有多少的，可现在很难找到了。渐渐地，连住廉价旅店的钱也没有了。他们只能在电车运行的时间住在车站的地下通道里，等到末班车开走、车站关闸后，就睡在车站附近餐饮街的屋檐下。其中，很多人身体不好没法干活，而相对健康的几个人会拿着在工地打工挣来的日薪买面包和杯装酒，然后分给其他人。

其中有一个流浪汉告诉我们，他曾经几次回过家乡。但是，没有跨进家门就回来了。这个自称"贡"的男人低声说，家是再也回不去了。虽然那个时候，我以为他的意思是"没脸回去了"，但恐怕家乡的巨大变化也是原因之一吧。

都市的车站、公园，或者 24 小时营业的便利店里出现了越来越多"想回家乡但回不去的流浪汉"，而与此同时，他们的家乡也出现了越来越多的空置屋。这不是很奇怪的现象吗？都市里掉队的人不断增加，日本已进入"无缘社会"成为流行语的时代了。

## "都市里的住宅新村"和"里山"很相似

曾在企业里负责过比较具有创造性工作的退休人群中有不少人身体好又有干劲，他们想要在75岁之前的15年里全身心地投入一些自己想干的事情。而这些人中，大部分都能像"水"一样自然地接受里山资本主义。

庄原的和田芳治将这些"高龄者"称为"光龄者"，意思就是地方上能够依靠的"闪闪发光的人才"。"世界上的事往往是这样，如果你去利用那些多到剩余的东西，那么一般事情就能进行得很顺利。"和田尖锐地指出。

确实，在这样的退休人群中，有越来越多的人开始选择"在乡村悠闲地度过第二人生"。对他们来说，虽然种地是外行，但是对于不懂的事，从零开始学习直到完全掌握这样的事，他们早在企业工作的时候就已经训练过了。他们也积累了足够的与陌生人交往的经验。

不仅如此，和田他们看重的是，这些退休一族虽然将来会怎样还不知道，但至少现在还能享受"养老金这个生活安全保障"，多少可以去冒些险。只要能够拥有"养老金＋α"中的"α"，他们的生活就能一下子变得丰富起来。他们也不一定要现金。和年轻一代比，他们的障碍更小。如果能形成一个"退休后去乡村"的潮流，那么，就能为地方发展持续地提供人才。为此和田他们正在加紧准备。

对于决定在乡村度过自己第二人生的这些人，人们往往过多地给他们贴上"自然爱好者""乡村爱好者"这样的标签，和田认为应该停止这样做。这些享受过世界上最大的物质财富、经历了成熟社会的人，有的因不满足于"煮出的饭像柴禾煮的那样好吃的电饭锅"而去挑战生态炉，有的不满足于"高端超市里的有机无农药蔬菜"而开始自己种菜。这些事并不那么不可思议。

此外，他们还渴望拥有社区。现在，有很多人把参加都市里各地区举办的庙会作为自己的兴趣爱好，也是其中的一种表现吧。年轻时，他们向往都市里不被任何人干涉的、淡漠的人际关系，随着年纪变大、心态稳定下来，他们开始觉得，虽然人口变少，但依然留有过去那种人际关系的乡村才是宜居之地。

现在，城市住宅新村里住的都是老年人。因为担心自己会死了也没人发现，退休工人开始参与社区重建，这和到地方去重建岌岌可危的乡村社区的人其实具有同样的志向。

## "对里山资本主义的质疑"才是"被制造出来的社会舆论"

那么，那些讨厌里山资本主义，不承认它的成果或者认为不值得肯定、拒绝它的，像"油"一样的人是怎样的一些人呢？

就是那些认为重新夺回昔日的经济增长，或者在竞争激烈、新兴国家成长迅速的市场里获得胜利是日本重建最优先课题的人。于是，这样的论调最先会提到的"令人叹气的事态"就是，不同于那些闯荡印度和非洲的中韩年轻人，日本年轻人不愿去海外、只想泡温泉悠闲度日的情况。而对那些认为乡村好的年轻人给予赞许的里山资本主义，在他们眼里也因此变成无稽之谈了。

日本如果不能找到替代汽车和电子工业的挣钱行业，如果无法在与海外投资家的竞争中赢得胜利，就没有未来。他们所持的就是这样的论调。然而，那些走在最前端的人，真的很讨厌里山资本主义的精神吗？

从我自己花了一年多的时间所积累的采访经验看，这才是"被制造出来的社会舆论"。

## 新一代产业的最尖端和里山资本主义的志向"惊人地一致"

我在"3·11"大地震前后大约一年的时间里，对由二十多家企业共同合作建立的"智能城市"系统这个项目进行了内部采访。每周一次的会议我几乎全都参加了，作为项目的一分子还积极地参与了讨论。

参与这个项目的企业都是被认为要担负起日本未来经济的企业。主要成员有：从发电到家电、从列车运行系统到钢铁厂的设计都有业务的综合电机制造商日立制作所；在节能开发上领先世界的建筑公司清水建设；虽然苦于经营困难，但是太阳能板的技术已达到世界顶级水平的家电制造企业夏普；世界级 IT 企业惠普的日本法人；在全世界发掘锂电池和智能电网等领域的企业并将信息变成商机的综合商社伊藤忠商事，还有在中国及各新兴国家加速发展房地产业的三井不动产。这些声名显赫的公司派出精英和怪杰们聚集一堂。主持这个强强会议的是不仅在世界各地，甚至在政界都拥有各种网络的咨询公司董事长佐佐木经世。

从各企业每周派人花三小时以上的时间参加这次会议这一点上也可以看出，能不能在这个领域保持世界领先，关系到企业的命运。在这个几年后有望增长到数十兆乃至 100 兆日元规模的世界市场上，要如何掌握主导权？会议资料里，每一页都印着"最高机密"四个字。当然，这一个个具体的技术都是商业机密，但是会议上还交错着各种信息，例如关于在中国天津正在进行的巨额合作项目的信息、有关美国硅谷所掌握的美国当局的想法，等等。

这个开篇有点长了。在这里我想要说的是，他们所讨论的内容也就是哪些事他们觉得有意思，怎么做才能让日本在世界上赢得竞争。

如果先用一句话来说出结论的话，他们的目标就是"企业版的里山资本主义""最尖端技术版的里山资本主义"。

什么是"智能城市"？首先，我们要从这里说起。对大型发电厂生产出来的庞大数量的电力进行单向送电是 20 世纪型的能源系统，该能源系统今后将转换为高效地利用当地或者周边地区制造的小型电力，实现能源自给的 21 世纪型新系统。这就是智能城市。

中东阿联酋正在建设的"马斯达尔城"就是其中的代表。虽然展现巨型未来都市的豪华 CG 图像给人留下了大规模且强势的印象，但重要的是，如何让它具备细致的内容，来灵活应对各种状况。作为方案提出者的企业联合体将会就这一点展开竞争。

## 里山资本主义能强化竞争力

在电力的使用上，应该重视那些可以就近设置的太阳能板或者风力发电机所制造出的小规模电力。如果这么说的话，恐怕会有人反驳："这样的东西能代替日本的能源吗？"

确实，里山的改革者们无法从正面对这些反驳提出异议，只能有点回避地说："先不管日本全国，我们现在考虑的是乡村所需要的能源。"但是，智能城市的强者们却是根据反对意见来提出异议的："说这样的话只能让日本落后于其他国家。如果说做不到，那只能等着在世界上被打败。现在已经到了为实现这个目标，集结全日本智慧的时候了。"

　　这有什么根据呢？

　　清水建设公司的技术人员非常自豪地说，日本企业不断成功开发的节能技术已达到依靠一般常识无法想象的水平。"我们总公司的新大楼所耗费的电力已经成功降到了原来的一半。"

　　然而，反对意见仍有很多，但是已想出了驳倒他们的方案。

　　"用电高峰时，超过了供电量怎么办？"

　　"那个时候，调查各个家庭的冰箱、洗衣机和空调的用电情况，关掉目前不需要的电器（通过计算机进行控制），这样的系统目前正在开发和不断改良。这正是目前美国通用电器和德国西门子这些世界级企业和日本企业在激烈交锋的智能电网这个技术。"

　　"听电力公司说，太阳能和风力会受自然变化的影响，电力不稳定，所以用不了。"

"让变动的发电量变得稳定的技术正是目前日本领先世界、最擅长的技术。我们打算通过加强这个部分，让自己在世界各地的竞标中胜出。日本的电力控制技术可以说是世界第一。'3·11'大地震时，计划停电在社会上引起了很大的混乱，但这不是因为日本没有技术，而是因为电力公司没有学习如何在紧急关头使用这些技术。"

街头巷尾流传的"再生能源这种东西听上去就是骗人的"这种"某种程度上的正确主张"，对于强化下一代日本经济的竞争力是如何有害的，应该有所理解了吧。说是为了日本经济和经济界好，其实根本不是这样。

在近邻韩国，他们把整个济州岛这样的大岛作为试验基地，为了战胜对手，全国上下团结一致地努力开发。看到这样的动向，你还能继续拖自己国家的后腿吗？

## 日本企业的特长原本就是"柔美"和"精细"

最后还想对重要的反对意见做出回复。

"但最终，日本全国需要的巨量能源难道不是依靠核电站和火力发电厂进行大量生产更有效率吗？如果不能保证足够的电力，工厂就生产不出好的产品。你们一直威胁说化石燃料就要枯竭了，可据说最近壳牌天然气和壳牌石油能够低成本挖掘了，现在担心太早了吧。"

"确实，与发电有关的产业对于日本来说很重要，其中发电用涡轮技术，我们还要参与世界竞争。但是，这并不意味着日本可以对浪费能源的社会现实坐视不管。我们迄今为止是凭借什么优势参与世界竞争的？那就是节能。之所以能做到这点，是因为勤勉的日本人所具有的'柔美'和'精细'。我们今后如果不重视发挥和加强日本人的长处，是没法在世界上胜出的。"

在每周进行的智能城市企业联合会议上，各公司严格挑选出来的、最强大脑们所钻研出来的，说到底就是这一点了。

即使是在由美国引领的 20 世纪，日本其实也是以有别于"美国式强势型资本主义"的姿态赢得竞争的。

看看汽车行业便能一目了然。如果去丰田公司附近那家汇集了全世界汽车的博物馆，就能看到一整排通用和福特的历史名车，让人不由得再次惊讶于它们的"大而笨拙"。20 世纪 60 年代前后的好莱坞电影里，明星们开着到处兜风的那种仿佛长着翅膀的豪华跑车，边跑边大量消耗汽油，大量排放尾气和二氧化碳。这正是美国先于世界达到的、让全世界向往并追赶的"象征着强势型资本主义富裕"的汽车。开着这样的美国车飞驰在高速公路上直奔大型购物中心，在商品堆得一眼望不到边的超市里购物，然后捧着一大桶冰激凌边吃边回家的那种"强势型富裕"。

相比之下，日本车真叫小巧。日本在开发汽车的时候，不只是小，而且尽可能减少汽油的消耗，让有害物质减少到最低，以此来动摇王者的地位。

有别于美国的是，我们追求的不只是作为完成品的"产品"。在"制造方法"上，也发挥了柔美和纤细的特性，从而能够引领世界。

20 世纪 80 年代，傅高义博士撰写的《日本第一》（*Japan As No.1*，1979）一书给美国人带来了危机感，给日本人带来了勇气。身为师父的美国开始学习日本式生产系统。进入 90 年代后，我很快去采访了最早在美国建立生产基地的"日本式传道士"本田汽车。他们向加入本田系列的美国零部件工厂派遣了熟练的技术人员，真可谓手把手地教他们如何进行精细的汽车制造。他们带着美国工人一起钻研如何配置工具和零部件以减少零点几秒的作业时间。美方对于他们充满毅力、不断改善的态度深表赞叹。

技术人员追求精细的态度直接反映在产品上。不是什么了不起的发明，只要稍微做一些改动就能让性能发生飞跃式的提高，这是大部分"日本制造"共通的家传特技。

智能城市正是那些继承了这种"日本制造的基因"

的人们将自己的特长发挥到极致的地方。他们认为，目前现有系统所生产出来的电力中有百分之几十被白白浪费掉，这不应是 21 世纪的人做的事情。我们只生产需要的量，生产了就要全部用完。

大楼尽可能利用外部光源，不需要的电灯通过计算机感知来关闭，冷气太强的房间会自动关闭空调。夏季白天，当供电不足的时候，会询问用户"可否将洗衣服的时间改到晚上，我们会降低这部分的电费"（正在进行实验，在洗衣机上装上可以选择的功能）。

电力多出来了就蓄电。高性能的锂电池不会占用太大空间。觉得"太浪费了"的精神能带来安心。这就像是停水之前先蓄水一样。停在家庭车库里的电动汽车里的锂电池就像是用来蓄水的水桶。大部分家庭的汽车一天中使用的时间是上下班、购物以及接送孩子去补习班的时候，其余时间都停在车库里。白天，屋顶上的太阳能电池努力地发电，把这些电存储到电动汽车里，到了晚上足够供应全家的照明。只要把"清水建设"节省建筑一半用电的技术加以提炼，便可在大街小巷加以推广。

这样的话，许多居住在东日本地区的人所经历的那个计划停电的噩梦将不会再来。不仅如此，对地球友善的生活方式也是令人心情愉快并且感到自豪的。

这和里山资本主义实践者们所感到的自豪是一样的。

## 智能城市想要实现的"社区重建"

不用感到惊讶，"智能城市的精神"与里山资本主义的契合度还不止以上这些。

导入智能城市系统的公寓希望实现的不仅是高效的能源系统，而且还是让居民间的联结和相互守望重新复活的系统。这指的是什么呢？

计算机系统能够掌握和控制各个家庭的用电情况，也就是说，它在管理有关居民生活方式的信息。为了不让这些个人信息泄漏出去，企业进行了包括技术革新在内的各种努力。在对这些信息进行加工之后，对于那些能够使用的就加以利用。

如果所有房间的灯都关了，就知道全家人都睡觉了。如果电视和空调都关闭了、在外面确认家中情况的安全系统开启了，那就知道这家人出门了。孤寡老人有没有在家中摔倒，可以通过厕所的使用、喝茶时烧水用的水壶的使用情况来确认（已经开始对那些与老人分开生活的家属提供这样的服务）。现代人虽然住在同一栋楼里，但是各家管各家的，相互之间联系很少。为了能够重新建立联结，是否可以有效利用这个系统，减少都市里的孤独感呢？

在每周的会议上，成员们讨论得最兴奋、点子出现得最多的话题之一，就是"如何用 IT 来强化社区凝聚力"。会后的酒桌上，这个话题得到进一步发酵。

实际上，在与计划公寓导入智能城市系统里的居民开会时，大家关心的也是这个话题。技术不是只要方便就好，人们需要的是能关照到人的技术，这一点引起了居民们的共鸣。

大部分想要开创最先进的商业和技术的日本人，想的都不只是挣钱。相反，比起挣钱，"理想"更加重要。他们追求的是能够实现"作为一个人、作为一个地区、作为一个国家的生存方式"的商业和技术。

这种想法在"3·11"大地震之后变得更加强烈。成员们在会议讨论正热烈的时候经历了大地震非比寻常的摇晃。他们立刻就提出，要让自己开发的系统能帮助到灾后的日本。他们拿出了如何将智能城市的经验运用到灾后重建的点子，并且开始行动。

海外也是，带领这支企业团队的佐佐木为了拿到俄罗斯圣彼得堡的巨额订单而加快行动。

之后，我被调动到广岛并开始里山资本主义的"运作"。隔了很久之后再去东京出差时，我和其中一位主要成员共进了晚餐。他一坐下来就开始兴奋地讲自己的构思："过去，邻里之间会借酱油、帮着寄放东西，或者会关心对方是否平安，就像这样的情况，我在考虑能不能拿出一个方案来。"在互不往来的公寓生活中重新建立起人与人之间的联结，形成一个让人感到温暖的共同体，他打算全力追求这个理想。

我也跟他分享了山阴山阳地区大叔们正在挑战的事情。两人的想法相互作用，彼此接近和发酵。

"什么嘛，完全就是一回事呀！"两人不由得大笑。我们用力地握手，约定今后也要继续交换信息和相互激发。

## "都会的智能城市"和"乡村的里山资本主义"
## 是"车子的左右轮"

对于今后的日本而言，需要的不就是这两者吗？一条道路，是在都市的活力和喧嚣中创建都市特有的21世纪型柔美的文明，并且和商业联系起来，到世界上去竞争。另一条道路，是在乡村充满鸟语花香的安宁环境中创造适合老人和孩子的另一种文明，为都市守住提供最低限度生活的腹地。

回想起来，战后的日本，或者是工业革命之后的发达国家都曾过度地削弱乡村，将资源都投到都市里去了。这么小的一个岛国，是靠什么成长为世界第二经济大国的？想想就能明白，靠的就是那些"金蛋"啊。我们不能忘了富饶宁静的农村提供了多少人才。所以，现在应该要促使它产生一定的震荡，从而恢复到原来的平衡。但并不是要简单地回到过去，而是要依靠站在

21世纪最尖端的"车子的左右轮"。

无论是人口减少，还是无缘社会，抑或能源和粮食无法自给的问题，甚至是无法诞生出能够担负起下一次国际竞争的产业这个问题，现代日本的种种问题，能不能靠车子的这两个轮子来解决呢？

21世纪人类提出的另一个关键词是"多样性"。因为多样所以丰富。这对"物"来说是这样，对于"人"来说也是这样。

这是一个认为大量获取物美价廉的东西是理所当然的时代。这个时代过后，我们将迎来一个重视个性的时代。也可以说，是从全世界的人都在穿便宜又保暖的优衣库衬衫的时代，转变为农村老太太的手织毛衣大受欢迎的时代。

如果从人的角度来看，将会是这样的。不是人人都想成为到世界上去参加对决的战士。当然，这样的人也需要，背负日本的精锐部队必须是"优秀的勇士"。但是，另一方面，也可以有为了地方的联结而流汗的人，有保护人与自然合力形成的里山的人，而且必须要有。只有在这样的环境中，人口才会增加，新一代的勇士才能从这些人当中成长起来的。

就这样，整个日本这个系统开始慢慢地变得可持续。

## 最后的总结　用"里山资本主义"告别不安、不满和不信任

### ——日本真正的危机"少子化"的解决方案

（藻谷浩介）

### 越是繁荣越会担心"日本经济的衰退"

大家听说过"根本原因分析"吗？思考事情发生的原因，然后，再思考那个原因产生的原因。反复思考下去，就能找到最最根本的、真正的原因，就是这样的一种思考方式。用这种方法，来研究现代的不安、不满和不信任从何而来，并且再追究下去，它的原因也是有其发生的原因的。希望大家试着思考一下。

笔者认为，日本人对于正在享受着的经济繁荣的执着，正是他们感到不安的最根本的原因。

作为金钱资本主义的胜者，在只要有钱什么都能买到的社会，自然和人际关系之类无法用金钱换算的东西就先不去管了。造就这样的社会的，是高度增长期之后的日本。但是，越是繁荣，人们越是会担心，心中悄悄地产生一种不安——"食物和资源不能自给的国家，它的繁荣也只是用沙子堆出来的城堡而已"。这种不安带

有某种超越理论的真实感，虽然它自经济开始增长以来就一直存在，但随着周边国家一个接一个地成长为对手，这种不安变得更加强烈了。

然而，如果说全体的繁荣是很困难的话，人们很容易产生要去打败谁，或是舍弃谁的想法。抱怨官僚不像话、大企业不像话、媒体不像话、政权不像话，用舍弃一方的心态去责备他人，但不久后又开始怀疑："是不是自己才是被那群不堪的家伙巧妙地舍弃的一方呢？"这样的人越来越多。尤其是在占日本人口四分之一的老年人中，在退出经济世界的第一线后，害怕被世界遗弃的人为数不少。没有一份值得去奋斗的稳定工作的年轻人是不是也强烈地感到被社会所抛弃呢？这些人由此产生不满，然后，对不能对此产生共鸣的一部分日本人也产生了不信任（怀疑他们是不是得到了什么好处），以及对有可能通过打击日本来实现自己国家繁荣（？！）的周边国家也产生不信任。然后，这些不信任开始累积。

就在这个时候发生了"3·11"大地震，原本性情温和的大自然忽然露出了尖牙利爪，一时间出现了即使有钱也买不到东西的状况。核电站事故造成的核污染让一部分国土陷入瘫痪状态。虽然谁也没有说出口，但是当事人以外的人心中也产生了某种感到再也无法挽回的失落感。而且，今后不是还有像南海海沟大地震那样更大的灾害可能会发生吗？富士山和浅间山等火山今后爆发的可能性正在增加，让人担心由此产生的火山灾害。

终于，越来越多的人开始担心，这次将轮到整个日本成为被抛弃的对象了。因共同拥有"不安、不满、不信任"而开始形成虚拟的共同体。归属于这种类型的虚拟共同体是否能让人真的安身立命，实在让人怀疑。但是，一旦加入其中就能多少获得一些与伙伴联结到一起的感觉，就会不愿意从中脱离出来。为了不离开那里，只能相互强调这种不安、不满和不信任以示自己也是其中的一分子。也就是说，虚拟共同体非但不是治愈不安、不满和不信任的地方，反倒是起到了相互煽动、相互加强这种情绪的作用。

安倍首相也是如此。不是作为有能力消除这种不安、不满和不信任的人物，而是作为能和自己一样感到这种不安、不满和不信任，并且站在自己这一边采取行动的人物而受到欢迎的。

这是在选举前拥护维新（日本党派），选举后又对安倍充满期待的那些浮动选票的意识，也就是部分大众媒体为迎合这些人制造"社会氛围"的原理。

## 强势的解决方案会带来副作用

像这样连锁反应下的不安、不满和不信任是根深蒂固的东西，光靠冲喜式的短期政权交替是无法消除的。越这么做，问题越是会加剧恶化，情况也确实在不断恶化。那么，我们究竟该怎么做呢？

最简单的方法当然就是放弃对于经济繁荣的执着，但是，只要人类社会还是人而非神的集合体，这样的事情总是难以做到的吧。那么相反的，用认为钱是最重要的"金钱资本主义"式的思考方式来想的话，消除不安的方法会朝着哪里去呢？

答案就是一个强硬的方向——无论如何都要恢复日本"金钱资本主义的胜者"的地位，用金钱的力量通过土木工程将自然灾害封印起来，针对周边国家强化军事力量，并且坚持与之对峙的立场。虽然野田政权（民主党）在领土问题上也采取了强硬的态度，但不得不说，安倍政权表现得更为强硬。这时候诞生的就是"安倍经济学"，即通过对公共建设的大量投入，建立"坚实的国土"，以及推出通过放宽金融政策引发通货膨胀从而刺激景气这样的政策组合。

这种强势的选择是令保守派吃惊的、社会实验性的政策，其中有太多强势的思考方式所具有的不合理性，以及可能由此产生的众多让人不安的后果。就这一点所展开的经济学上的讨论在其他地方已经有很多，我就不占用这里的篇幅了。只再多说一句，不管什么样的行为，都会产生副作用，不可能有机会主义者所希望的那种温和的解决方案。如果没有副作用就能做到的话，早就有人做了。我们最好先认识到这一点。

例如，由于海外通货膨胀、日本通货紧缩而发生的日元持续升值，如果遇到日本通货膨胀，那么日元汇率就会下跌，这样的话，占 GDP 百分之十几的出口相关产业就能获得喘息的机会。但另一方面，占 GDP 百分之八十以上的内需相关产业就会面临进口燃料价格上涨的问题。作为实际问题，2012 年秋季之后，日元汇率涨到不能再涨后开始回落，日本的贸易赤字反而扩大了。这是由于日本对中国的出口开始不断减少，同时，日元贬值也造成了石化燃料费的上涨。到了 2013 年，连汽油和煤油也开始涨价，于是人们从日元高汇率的美梦中醒来，终于开始有人认识到日元贬值等于生活费上涨这个再简单不过的道理。

股价上涨人人欢迎，事实上从投资回报率的记录来看，迄今为止的日本股价无疑是太低了。然而，流向国债的资金如果流向股票的话（虽然这本来是正常的），可以预测，数额极度膨胀的新国债将渐渐地难以得到消化。虽然光看眼前的利息，还看不到什么预兆，但这主要是因为欧洲经济的不景气，投资者的资金流向了情况相对良好的日本。只要欧洲出现哪怕一点走出困境的希望，风向便很有可能发生变化。

　　经济问题就是这样复杂，犹如僵硬的肩部，即使能通过按摩暂时让它放松，但是要完全地解决问题而不带来肌肉反弹的副作用是不可能的。

## 冷静地怀疑"日本经济衰退论"

　　然而尽管如此，我们还是要思考一下更加根源性的问题。那就是"战后的日本人所享受的经济繁荣，真的在不断地消失吗"？笔者想要问的是，激起人们的不安、不满以及不信任的"日本经济衰退论"，除了"因为大家都这么说，那就应该是这样吧"的社会论调，没有任何确凿的根据，这不就是一种集体幻觉而已吗？

　　我们将从下一节开始单独地讨论"日本经济衰退论"的根据。如果要在这里先说出结论的话，那就是，战后日本人所享受的经济繁荣其实并没有失去。只要认清事实，慢慢地、冷静地采取适宜的对策，今后也不会失去。再者说，就算假设目前的金钱资本主义式的繁荣慢慢地沉寂下去，只要一点点地加入里山资本主义的要素，生活上就不会有什么需要烦恼的。笔者不是说"什么都不做也没关系"，而是说，只要认清事实，慢慢地、冷静地采取适宜的对策，就没有问题。这就像"虽然大地震和火山爆发都将发生，但是日本并不会就此灭亡，你我也不止十之八九，千分之九百九十九应该没事吧"，两者是一样的。

现在能接受了吗？请阅读下面的文字后再思考这个问题。

## 日本的经济繁荣不会这么简单就结束

"战后日本人所享受的经济繁荣其实并没有失去。只要认清事实，慢慢地、冷静地采取适宜的对策，今后也不会失去。

"就算假设目前的金钱资本主义式的繁荣慢慢地沉寂下去，但是只要一点点地加入里山资本主义的要素，生活上就不会有什么需要烦恼的。"

以上笔者所指出的，对那些以为社会氛围就是真实情况的人来说，一定会觉得是"没有根据的断言"吧。但是反过来，如果有人说"战后日本人所享受的经济繁荣终于在渐渐地失去"，那他们又是根据什么来断言的呢？他们连基本的数字都不去确认，只是随波逐流地跟随周围的论调而已。所以，接下来，我们就当自己是一名"日本末日党"的党员，来列举代表性的"日本经济无望论"，然后确认一下他们的根据吧。

## 别把零增长和衰退混为一谈——"日本经济无望论"之误解①

认为"日本正在不断地失去其经济繁荣"的根据里，最主要的恐怕就是经济增长率了吧。也就是 1990 年泡沫经济崩溃以后，日本的 GDP 就完全没再提高这件事。确实，泡沫经济崩溃后，所谓的"失去的 20 年"里，名义 GDP 连 1.1 倍都没有达到，可以说是零增长。即使在先进国家中也属于非常显眼地被落在后面，可谓是一家独输的状态。

但是希望大家冷静地思考一下，过去的 20 年里，日本的 GDP 总额虽然没有增加，但是也没有减少。泡沫经济时，人均 GDP 曾达到世界最高，而现在是世界第 17 位，从绝对数字看，最近还有些微的增长。不仅如此，如果计算生产年龄人口（15—64 岁）的人均 GDP，日本的增长率依然是发达国家中最高的。经济繁荣的绝对水平丝毫没有下降。

这样写的话，恐怕会有人说"藻谷在美化零增长"，但我并没有说过一句这样的话。比起零增长，苗壮成长当然更好，而我说的是，比起经济衰退来说，零增长相对来说还是好的。

好像有些人总是凭感觉认为经济是"总和为零"的世界，"其他国家繁荣多少，自己的国家就会衰落多少"，这完全是想错了。

过去 20 年里，国外有的地方转眼间从马车和自行车来来往往的村镇发展到高速公路和地铁纵横交错的大都会，但东京并不会因此降低到一个用牛马来运送物资的社会。大部分欧洲国家的人均 GDP 排名在过去的 20 年里先后被美国和日本所超过（也有之后再反超的国家），但就算在这个期间，大部分欧洲人无论是衣食住行还是治安，在基本生活上其实过得很富裕。同样的，一些中国游客来到日本会觉得这里环境好、很干净，是宜居的地方。即使在人均 GDP 比日本高的新加坡，对日本非常了解的人也从可口的食物到周到的服务等各个方面，感受到日本社会深厚的底蕴。

"话虽这么说，但是没有工作的年轻人和没有钱的老年人越来越多，地方城市极度衰退，日本人的生活其实变得很落魄了。"像这么说的人也不少吧。但是，其实理由并不是因为日本整体经济的不景气，每个问题都有其根深蒂固的构造。实际上，有多少困难的地区和个人，就有多少成功的地区和个人，整体上一加一减就只剩下微增的结果了。

当然，并不是说问题就这么解决了，也并不是说日本经济整体能够增长的话，个别的问题会自动地渐渐得到解决。这些问题具有各自根深蒂固的构造，只能进行个别的深挖和解决，在这里让我"老王卖瓜"一下——其实我就是在这方面给大家提供帮助，并以此为生的。

此外，如果看 GDP 以外的指标，例如日本人的平均寿命是世界最高水准（经济失败的国家平均寿命一定会下降，比如战败后的日本和冷战后的俄罗斯），严重犯罪也在减少，穷困人群也并没有发起暴动。这些不是经济衰退的国家应有的样子吧。如果哪一天日本经济真的衰退了，大家就会真正明白："啊，那时候整天抱怨，其实是没什么大不了的呢。"

## 不看绝对值、持"国际竞争力降低"论调的人——"日本经济无望论"之误解②

"日本末日党"的第二条论据就是"日本失去了国际竞争力"这个说法，因为据说在瑞士洛桑国际管理学院（IMD）发表的国际竞争力排名中，泡沫经济时期排第 1 位的日本现在降到了第 27 位。日本的出口额跟 2007 年相比已减少了四分之三。2011 年，在遭受地震、日元升值、欧元危机多重打击后，日本贸易收支终于跌到 2 兆日元赤字，经历了 31 年以来的第一次赤字。2012 年赤字再度扩大到 6 兆日元。又因为日元汇率居高不下，日本的产业已处于濒死状态。然而，虽说情况是这样，但是大家对这里没有出现的数字有没有好好确认，然后在对事情有了整体的理解之后再开始讨论呢？

首先，希望大家发现这样一个疑点，即"日本因泡沫经济而衰落的 20 年里，如果真的失去了国际竞争力的话，为什么现在的日元汇率比 20 年前还要高呢"？美元因美国经济的相对衰落而持续贬值，雷曼事件也带来了欧元危机从而导致欧元汇率下跌。且不论每天的汇率变动，以年为单位来看大的流向，经济繁荣便意味着其国家的货币汇价高，这是世界常识。日元升值是因为出口增加了的缘故。

我希望那些在电视上做评论的文化人能在看了日本出口绝对值的走向之后再发言。根据财务省的国际收支统计（另外还有一个贸易统计，数字虽然有些许差异，但趋势是相同的），在因广场协议日元开始升值之前，1985 年的出口额是 42 兆日元。泡沫经济鼎盛期，即日本国际竞争力达到世界第一的 1990 年是 41 兆日元。与之相比，2012 年是 61 兆日元，20 年里增加了 1.5 倍。2007 年的出口额确实更多，有 80 兆日元，是 1990 年的两倍，但这么高的数字是异常情况，属于世界在雷曼事件前泡沫时期的短暂现象。即使是看以月为单位季节调整后的数值，地震前 2011 年 2 月的出口是 5.5 兆日元，相比之下，2012 年 3 月的出口也是同样水准的 5.4 兆日元。如果和其他月份做对比的话也能看出，即使是地震后日元汇率极度走高的时候，出口依然没有减少。

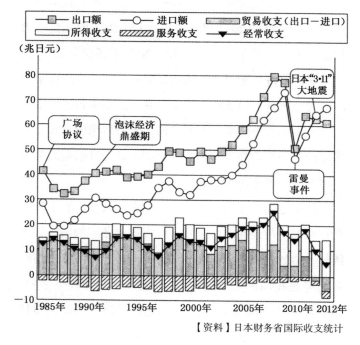

【资料】日本财务省国际收支统计

日本国际收支的长期走向

究其原因，一个是因为日本一直以来出口的都是那些即使日元升值也不得不买的、具有非价格竞争力的商品；再有就是，日元汇率升高的对方国内发生通货膨胀，日本产品的价格和对方国内的物价发生同等程度的上涨也是件很自然的事。所以，对于最近政府诱导日元

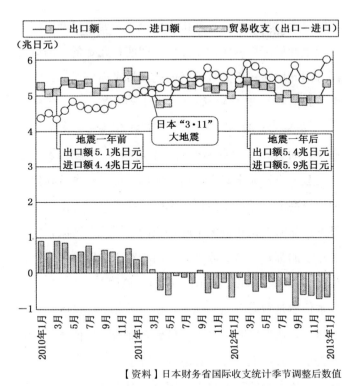

【资料】日本财务省国际收支统计季节调整后数值

**日本最新贸易收支**

贬值的行为，各国会批评其"违禁"，因为给人留下的
印象不是"曾经价格很高的日本产品又降回到原来的价
格"，而是"相比之下只有日本产品忽然降价了"。

然而，出口额在地震后也保持了5兆日元，2012年
7月开始跌到4兆日元，这不是因为日元汇率高，而是
对中国的出口量减少所导致的。实际上，就是从出口疲

软的这个时期开始，日元汇率跌至 1 美元兑换 90 日元，出现重回低汇率的倾向。然而，即使日元走低，出口也没有因此增加。不是日元贬值就会带来出口增加，而是由于政治原因出口减少而导致了日元贬值。

"可事实是日本因地震遭遇了 31 年来第一次的贸易赤字，而且赤字一直在扩大，不是吗？"也许有人会这样反驳。出现赤字确实没错，但那是由于核事故导致石油价格高涨、进口量增加的原因，并不是因为出口，即日本产品海外销售额的下降造成的。因此，造成日本贸易赤字的都是一些资源大国，而相对于中国、韩国、新加坡、泰国、印度、美国、英国、德国等国家和地区，日本仍然是贸易顺差。也就是说，实际情况是，不管从欧美、东亚那里赚了多少，最后全都给阿拉伯产油国给拿去了。有些人不好好看清这个数字，急着宣称日本在经济竞争中输给了新兴工业国家，对中国（包括香港地区）和韩国是贸易逆差。这样的人在学者、政治家、媒体人里也有很多，这真让笔者感到无奈。

不仅如此，国际收支并不只和贸易收支相关。日本被称为是世界最大的债务国，但日本的企业和个人则用其剩余资金在世界各地进行投资。其结果是，日本在海外获得的利息分红（所得顺差）在 2012 年达到 14 兆日元，历史上排第三位，完全抵销了 6 兆日元的贸易赤字。而且，所得顺差遇到日元贬值还会增加，这又在一定程度上抵销了同样因日元贬值而增加的石化燃料费用。

事实是，日本仍然是在赚取外汇的经常性收支顺差的国家，和一直以来都是赤字的美国，以及在顺差和逆差之间徘徊的欧元国家相比，很难说前者的国际竞争力更差。话虽如此，如果真的回到 1 美元兑换 100 日元以上的低汇率状态，今年（2013 年）的化石燃料进口额就会进一步增加，同时原本没有减少的出口如果没有显著增加的话，那么经常收支就有可能会出现赤字。对于因受益于日元贬值而导致股价上扬的趋势，我希望大家能认真地了解一下现实情况。而对于那些提倡通过日元贬值来实现日本经济再生的"有识之士"，希望他们能养成看清数字后再说话的习惯。

### 象征"近代经济学的马克思经济学化"的"摆脱通货紧缩"论——"日本经济无望论"之误解③

说到这里，恐怕会有骂声飞来："难道你看不到长期的通货紧缩让老百姓有多痛苦吗？"确实，即使看消费税收的变化也能发现，国内的消费在过去的 15 年里几乎没有增加。与之相对照的是，在同一时期，出口增加了 1.5 倍。国际竞争力虽然没有降低，但国内市场却出现动荡，这就是日本经济的现实情况。我们将此看作是"日本末日党"的第三个论据吧。

物价持续下跌对没有收入、靠存款生活的阶层来说，存款的价值不减反增也许是再好不过的事。但是，对于那些正在工作的人或者内需型企业而言，情况就很严峻了，因为那意味着自己所进行的经济活动的货币价值在不断减少。劳动欲望、销售欲望降低，因对市场的前景不抱希望，在设备和人才上的投资也会减少，于是，进一步给经济带来打击，由此形成恶性循环。那些成功开拓了海外市场的出口企业也会加快把生产基地转移到海外。年轻人如果只靠自由职业生活的话，就无法对未来抱有希望，别说生孩子，连婚也结不了。结果，税收和养老金的缴纳额也开始减少，老年人退休后的生活因此受到威胁。在此，请允许我再啰嗦一句，笔者是绝对不会美化通货紧缩的。

然而，需要小心的是，世界各国通常不是通货紧缩而是通货膨胀。如果只有日本连年通货紧缩，那么国际金融市场上日元汇率就会不断升高，结果，国外看到的日本的经济价值就不会下降。

假如日元汇率从 1 美元兑换 110 日元升到 80 日元，那么，国内的物价和人工费即使下降 5%，在那些靠美元生活的人看来，日本国内的物价和人工费还是上涨了 31%。让我们来具体地看一下：当日元汇率从 1 美元兑换 110 日元升到 1 美元兑换 80 日元，日本国内价格为 110 日元的商品，在美国人看来就是从原来的 1 美元变成了 1.38 美元（110÷80 = 1.38）。如果因为通货紧缩再下降 5%，那么 110 日元的东西就会变成 104.5 日元，按照 1 美元兑换 80 日元的汇率计算，就是 1.31 美元（104.5÷80 = 1.31），上升了 31%。对像住在日本美军基地的美国人那样的人来说，这就是他们一直以来的感受。

也就是说，国内的通货紧缩虽然是国内经济活动在国内价值的下降，但从海外来看，日本的价值并没有下降。所以，一旦拿着日元到海外去，那就能过上有钱人的生活。虽然这与大多数人关系不大。

就在我写这本书的时候，日本全国到处充斥着"摆脱通货紧缩"的论调。那么，怎么做才能摆脱得了？按照那些被称为"通货再膨胀论者"的主张，通货紧缩是日本银行没有放宽金融政策造成的。所以不管怎样，只要持续增加市场上流通的资金量，总有一天大家会开始认为"从今天开始通货膨胀了"，于是在存款价值下降前增加消费，那么内需型企业的销售额就会上升，收入也会增加，设备投资也会增加，温和的通货膨胀一定会发生（能够摆脱通货紧缩）。

确实，只要不停地印钞，总有一天会出现通货膨胀。事实上，考虑到过去十几年里持续的金融政策放宽给社会带来的货币供应量，很多金融机构会认为早就应该出现通货膨胀了。就仿佛"理应转动的旋钮不转了，忍不住拿出钳子夹上去用力转动的时候，突然旋钮和基底一起被夹断了……"，如果再进一步放宽金融的话，就有可能会突然出现极端的通货膨胀。

这样的话，就会造成日元贬值，进口商品价格高涨，使用进口原材料、燃料的大量商品价格上涨，然后，终于能够"摆脱通货紧缩"了。然而，在这种情况下，资金并没有用于消费，而是流向了外币投资（希腊正是这种情况），日本经济这下可真的要衰退了。

如果问，有没有办法让通货膨胀不是那么急速而是缓慢发生？在"通货再膨胀论"中，无论是理论的成熟度还是数据的积累，都还没有达到能够予以保证的程度。如果再问起，一旦发生问题、通胀过度的时候，有没有方法可以控制？也许有人会说："现实是，日本银行已经带来了如此长期的通货紧缩，所以，接下来日本银行只要收紧金融政策，就能简单地结束通货膨胀。"可是，话说回来，只要"现在的通货紧缩是日本银行造成的"这一说法不正确，那么他们所说的对策也就不可能有效。结果，这就成了只有相信的人才会相信的事情，所以像这样各有各的理的讨论才被称为"神学争论"（陷入死循环的争论）。

但是，毫无疑问，那些"通货再膨胀论"的信徒有一个共同属性，他们坚信"政府当局能够自由地控制市场经济"，笔者称之为"近代经济学的马克思经济学化"。也许就是那些在过去抱有马克思经济学思考方式（相信能用少数变量说明复杂的现实并且对之加以控制的不谙世事的类型），在苏联解体以后，转向近代经济学这样的人。

实际上，日本银行也并不是要让日本毁灭的邪恶组织。他们是根据这十几年里持续的金融放宽也没有带来物价上涨的实际经验行事的。特别是小泉改革时期，从2002年持续至2007年的"战后最长的经济扩张"局面中，当时史上最大的金融放宽加上雷曼事件前的出口激增，让有能力进行金钱游戏的阶层在金融上的收入大大地增加，但是个人消费却没有因此增加。

有钱人是"因为没有想买的东西，或者说，不是花钱而是存钱本身成了目的，所以挣来的钱一分不少地全用到金融投资上了"，众多的企业则是"不符合富裕阶层需求的商品生产过多，于是只能廉价销售，不断地重复这样的情况。好不容易个人收入增加了，却无法带来营业额的增加"。而金融机关则称："来贷款的尽是那些坏账风险高的大客户，看不到能够好好收回融资的项目。没有办法只好买国债。"

## 真正的结构改革是"建立能增加工资的商业模式"

为什么陷入了这样糟糕的僵局？虽然作为 2010 年《通货紧缩的真相》一书的作者，对包括批判该书的言论在内，我确实有些话想要说，但本书的主题是里山资本主义，详细的讨论就留到下次写《通货紧缩的真相续篇》的时候吧。

如果只讲结论的话，在日本发生的所谓"通货紧缩"，其实质就是，一些企业习惯了用机械化和自动化系统进行低成本的大量生产，因此，无法停止过度供应房地产、汽车、家电、低价食品等主要客户群正在不断减少的商品，从而产生了"微观经济学上的价格暴跌"。所以，这不是日本经济本身的衰退，而只是一部分（大部分？）没有停止过量供应的企业，以及不幸依赖于这些企业的下级企业群及劳动者的困境。解决方法只能是这些企业开始追求合理的成本核算，开拓并转移至供求尚未失去平衡、成本能够转嫁到价格上的领域。同样是人口达到成熟阶段的先进工业国家，北欧和德国的大企业，以及意大利的中小企业已经开始走这条路了。

对此，用经济学家的话来说就是"创新"，或者叫"结构改革"。将促进这种企业行为的政府政策称为"发展战略"，但因为听上去不容易懂，所以，总的来说就是"企业退出饱和市场和开拓新市场"是摆脱通货紧缩的唯一道路。

此外，说到"结构改革"，有人就会想到裁员，但是在生产年龄人口（15—64 岁的人口）将在今后 50 年里减少一半的今日日本，即使不采取任何措施，劳动人口也在减少。劳动者的人均收入在今后的 50 年里如果不翻倍的话，内需将不可阻止地缩小下去。因此，日本在这个世纪的结构改革应是"建立能够增加工资的商业模式"，而不是"用削减工资来保住眼前的利益，却因此造成不断地、自己破坏自己国内市场的结果"。

也许有人认为，不可能让工资翻倍。但是，在现实世界中，像法国和意大利那样时薪水平比日本高的国家，对日本也实现了贸易顺差。他们主要出口商品中的葡萄酒、奶酪、意大利通心粉、火腿、橄榄油、服饰、工艺品等，不管哪一种都具有将成本转嫁到价格上的品牌实力。事实上，这些商品在日本也卖得很贵。

各内需型产业的企业，同样也将致力于培养能够将成本转嫁到价格上的品牌实力（退出无法转嫁的领域，将其市场交给进口商品），每年只要提高平均 1% 的工资水平（换言之，只要在平均每年劳动人口减少 1% 的情况下维持工资总额不变），日本经济就不会衰退。

实际问题是，据说日本有 1400 兆或 1500 兆日元的个人金融资产，其中大部分属于老年人，也就是说他们手里有钱（＝潜在市场）。大前研一曾在博客上写道，这些人过世后，将留下人均 3500 万日元，如果这是真的，那么计算下来，在每年死亡 100 万人口的日本，一年就有 35 兆日元没有被用掉而是被他们的下一代继承了。因为，日本的零售业销售额（就是指商品的销售额，不包括餐饮和旅馆住宿等服务业的销售额）是一年 130 兆日元，所以，如果能让那 35 兆日元里哪怕只是三分之一能够在老人过世前用于购买商品的话，这个数字就能增加 10%，甚至大大超过了泡沫经济时期，实现巨大的经济增长。

　　21 世纪的日本完全不同于二战结束不久后的、国民完全没有储蓄的日本，也不同于当今众多海外国家。再进一步说，老年人即使自己并不想要买什么，但是还有无数只要有钱就想消费的女性和年轻人。正如《通货紧缩的真相》中论述的那样，用各种手段让老龄富裕人群的钱能流到女性和年轻人那里（正确方法是促进女性和年轻人的就业，并且提高工资水平，让他们挣到钱），才是现实中可以想到的"摆脱通货紧缩"的手段。经济合作开发组织（OECD）对于搞活日本经济的建议，以及国际货币基金组织（IMF）的建议也是完全一样的内容。

但是，没有必要加入悲观看待通货紧缩的"日本末日党"。因为，生产年龄人口已经持续减少了近20年，能够顺应时代的变化，开始获得新市场的企业也越来越多。正因如此，才会一边抱怨不景气，一边却不断地出现创历史最高收益的企业，而整个日本的名义GDP，总的来说，也处于保持不变的状态（以日元为基准的话是略减，以美元为基准的话则是略增）。

此外，在韩国、新加坡等东亚新兴国家，据说也正发生着比日本还要严重的少子化，生产年龄人口将在数年内开始减少。不是只有日本会因为"通货紧缩"而没落，在日本所看到的"微观经济学上的价格暴跌"，在日本的"竞争对手"那里应该也会变得越来越严重吧。

遗憾的是，主张用进一步放宽金融来解决问题的通货再膨胀论越是横行，那些依旧依赖低价格大量生产的企业越是期待政府的帮助，而不是去主动地尝试"创新"和"结构改革"。他们虽然是企业，却仿佛是社会的弱势群体。这也是一直以来，依赖1995年之前劳动人口单向增加的日本资本主义的现实。这是那些在以人口增加为基础的经济中才得以存在和延续至今的、缺乏应有的经营战略的企业渐渐毁灭的过程。也可以说，这个充满希望的、诞生前的阵痛，就是现在的"通货紧缩"。

以上我们提到了"日本经济无望论",并对它的根据提出了质疑。"日本末日党"的很多主张只是跟随社会上"感觉末日将临"的论调,既没有数据上的支持,也缺乏逻辑性的分析,就这么抛了出来,大家是否能够接受呢?

通过以上的论述,不知道大家对于日本前景黯淡的不安、不满和不信任是否已经得到消解?恐怕不安没有一次消除吧?如果是这样的话,那究竟是为什么呢?

## 超越不安、不满、不信任,创造未来的"里山资本主义"

遗憾的是,仅仅拿出以上的这些事实,还不足以消除人们对于"日本经济衰退"的不安。

不安之所以无法消除,是因为笔者的论点本身"仍然局限在金钱资本主义体系内"。虽然笔者之前一直强调不能根据平均值做出仓促的论断,要认真对待个别的事实,然后再做判断,但是向大家提出的"日本并非无望论",无论哪个都没有走出"只要整个金钱资本主义不走到绝路上,还能继续运转下去,那么日本作为其中一分子也能继续挣钱下去哦"这个语境的范围。

有一句话叫"脚没有踩在大地上",而金钱资本主义就是一个不脚踏实地的、空对空的体系。飘在空中的、金钱的循环随时都有发生根本性崩溃的风险，对于这点，经历过"3·11"大地震的日本人凭本能就已感知到了吧。

## 天灾让"金钱资本主义"丧失功能

在这次地震中，平安时代前期（1000年前）以来最大规模的海啸袭击了日本东北至北关东的太平洋沿岸，让完全遗忘了遥远过去的众多日本人受到重创。然而，其实仅文献上有记录的异常大灾害就已经有很多。

平安时代前期，十和田湖发生火山爆发的时候产生了大量泥流，吞没了秋田县北部的米代川流域。室町时代中期，明应大地震和大海啸袭击东海道沿岸，将曾是淡水湖的滨名湖与海连到一起。江户时代中期，云仙大爆发引起眉山崩塌，令有明海沿岸遭受了巨大的海啸灾害。同样是江户时代中期，冲绳县的八重山诸岛发生了国内文献记录中最大的海啸，海浪最高达40米，造成了一万数千人的死亡。在那前后，还有形成了著名的"鬼押出"景观的浅间山爆发和富士山的宝永爆发等，喷出的大量火山灰，造成了气温的降低，加剧了天明时期的大饥荒。无论哪一个，如果以同样规模发生在今天，都将是震撼世界的大灾害。

发生灾害的时候，如果家附近有水、有地、有山，会好一些。世界最大都市圈的首都圈，以及在发达国家中排名前五的巨大都市圈"京阪神圈"居住着日本一半的人口，在那里，不用说燃料和食物，就连瓶装水都无法自给。

假如发生最大级别的南海海沟大地震，令东京和大阪间失去了作为中枢的产业功能和物流功能的话将会怎样？如果突然大面积地发生致死性新型流感的话呢？如果有预料不到的恐怖势力同时袭击了东京及其他先进国家的中心城市呢？也许有人认为，又不是拍好莱坞电影，没必要担心这样的事情，但是，发生的可能性并不为零。大都市圈居民陷入窘困和混乱的风险之高，是同样的事情发生在乡村时所不能比拟的。

这本来不过是发生几率非常低的事情。但是概率再低还是忍不住要担心，这是人类作为大脑发达的动物的宿命，或者说，就算不去说、不去想，作为生物的本能，"不得不感受到"这个事实，就是不安、不满、不信任的根源。掌握着日本经济命脉的大都市圈的居民们，其实对未来抱着巨大的不安，心底深处已经完全放弃了。国债发行了再说，核电站重新启动了再说，最近的日本人所做出的这种只顾一时的行为，不正从反面证明了这一点吗？

## 通货膨胀会让政府的债务雪上加霜

刚才提到"国债发行了再说"这样只顾一时的行为，日本政府的财政部门每年乱发国债，终于让日本成为了世界第一债务国。仅这一点就能让人切身感受到金钱资本主义走进了死胡同。

无论是执政多年的自民党，还是执政3年的民主党，以"为了国民的生活，为了地震后的重建，为了大型经济政策"为由，一直以来都在不停地发行赤字国债。让不去投票的年轻一代、没有投票权的孩子们、还没出生的孩子们去收拾残局，只要今年过得下去，只要眼前没问题，就这样债务增加到了GDP的两倍以上，达到世界第一的水平。

这已经不仅仅是把债务留给子孙的问题了。通过投票或者不投票这样的行为，认可或默认了增加借款（负债）的这一代人，已经开始以推迟拿养老金的年龄，以及降低医疗福利服务水准的形式还债。不仅如此，极度的通货膨胀将使老年人和中老年人迄今为止积蓄起来的存款连本带息地消耗掉，发生这样事态的危险性正在逐渐提高。目前为止，还未出现这样的情况是我们幸运。日本的人均寿命在全世界来说也是算长的，因此，谁也不能保证自己能逃过这一劫。

迄今为止，之所以能无限地增加国债余额，是因为不管发售多少，总能卖得出去。国债9成以上掌握在日本企业和个人的手里，这是因为日本的企业和个人口袋里有现金。但是，就像刚才所说的，21世纪，化石燃料价格高涨，如果日元继续贬值的话，贸易赤字将扩大，利息和分红的收入也会被吃光，可能整个日本都将陷入经常性收支的赤字。即使是因广场协议日元开始升值以后，经常性收支仍维持每年5兆至20兆日元以上的盈余，如果变为赤字的话，虽然从定义上说，那部分现金并不会自动地在国内消失，但是不可避免的是，国内的国债消化能力将因此下降一定程度。

如果是像美国那样持续从国外借钱的国家情况还算好，在日元贬值的趋势中，如果想把日本的国债卖到海外去的话，若按照目前平均1.4%的利息，将是非常困难的。即使没这样的打算，如果想要往通货膨胀上引导的话，即使仅仅为了在国内消化国债，也必须要把利息提上去吧。

然而，如果提高国债发行利息的话，已经发行的国债在市场上进行交易的时候，流通利润比例也会跟着上涨。实际上，因为已发行的国债的利息在发行时就已经定了，所以利息上涨的话，金融市场会自动进行调整，通过降低国债本身的交易价格提高利息水准。也就是说，拥有已发行的国债的企业和个人的财产将因此减少。

小幅度的利息上涨我们暂且不论，市场经常还会因为当时的社会氛围而出现极端的行动。如果由于世界上某个地方发生了什么而使利息过度上升的话，拥有大量国债的养老基金、生命保险公司，以及地方上的金融机关都将受到打击。如果它们因为国债持有价值减少而出现财务恶化的情况，那么养老金系统和金融系统都将有可能出现全面的功能下降。

利息上涨的话，国家的资金操作也无法不受影响。即使在目前低息的情况下，每年的国债利息支付金额也已达到了 10 兆日元，政府年税收的四分之一以上就因此消失；假设国债利息像当年意大利那样调到 6%，政府税收就会全部用于支付国债的利息，而日本公共部门就会陷入实质上的功能停止状态。

俗话说的"通货膨胀的话，债务就会减少，对于政府来说是求之不得"，这其实是大错特错了。像前面所说的，通货膨胀的时候，国债利息就会上升。已发行的国债的价值会不断减少（也就是让持国债的人受到损失），同时，政府的税收大部分将用于支付利息，如果想实现正常的政府功能的话，只能以高于通货膨胀率的利息来发行新的国债。

世界上没有炼金术，通货膨胀将让政府的债务雪上加霜。事实上，在全世界的金钱游戏中，人们期待日本国债暴跌，因为经常还有一个因此能赚钱的市场在（买了日本国债暴跌的话就能升值的金融衍生商品）。他们对既增加国债的发行，同时又引导日元贬值的安倍经济学的登场一定充满了期待吧。但是话说回来，历史上等着日元暴跌的那些人往往最后落得大失所望，希望这一次也是这样。

## 从"金钱资本主义"中诞生出来的"刹那行为"蔓延的病理

世界上还存在着靠某个国家的衰落来赚钱的一类人，这也是金钱资本主义丑陋的部分。但是，问题能发展到现在这个地步，其最大根源就像刚才提到的，为了一时的利益而选择"刹那行为"，重要的问题却被推迟到后面，这是深受金钱资本主义影响的人所共有的病理。为了眼前一时的"恢复景气"，不断地累积起最终总要有人来还的国债，像这样因极其短期的利害而条件反射式地做出反应的社会，正是金钱资本主义所造成的。只要去听听一部分叫嚣着必须增加国债发行的政治家的话就能明白。他们只会说"我的现在才是最重要的"，"今后的事情我们的下一代会想办法，所以我就不必操心了"。让人伤脑筋的是，在那样的社会，日本人从内心里对于自己的光明未来不抱任何希望。每天忙着对眼前发生的事做条件反射式的反应，而不再未雨绸缪。

这个病理在其他地方也能看出迹象。例如从十几年前开始，国土交通省就在白皮书里对土木建筑的老化提出了警告。但是，直到发生了中央道笹子隧道天花板掉落、死亡9人的事故，才得到世人的关注。

福岛核电站的事故也是这样。最大的原因就是对于老化了的老式核电站，一直只是停留在嘴上说"很快就关、很快就关"，却一直没有让它停下来。在对使用后的核燃料没有制订最终处理计划的状态下，就打算重启核电站，这样的行为也是为了先解决眼下的问题，对几年后的事情（在不远的将来，核电站内已有的保管场地将会被堆满）不管不顾。即使花力气找到了暂时保管的场所，但是，今后"在哪里""由谁"来对必须持续稳定地冷却10万年的高辐射废弃物负责？这又是个完全没有目标、也没有办法设定目标的目标。这就和不管怎样，先发行赤字国债渡过眼前的难关这样的想法如出一辙——为了一时的繁荣而将问题留到今后。

### 里山资本主义是保险，是用来买到放心的另一个原理

前面，我激烈地论述了金钱资本主义的极限。依照这样的调子，也许问题的解决方案也应该大张旗鼓地倡

导才行。但是，笔者在接下来的文章里将停止这种激烈的调子。极限是需要灵活、柔软地去突破的，或者准确地来说，对于选择从极限这堵墙旁边绕过去，能够缓和人们不安心情的里山资本主义这个主题，我想要静下来谈一谈。

在这里重申一下，之所以产生刹那的行为，是因为我们日本人对于金钱资本主义的未来抱有根本性的不安，在心底深处早已自暴自弃了。而这种不安来自于，金钱资本主义没有一个后备系统来应对其自我毁灭的风险；也来自于，当彻底复杂化的金钱资本主义这个系统功能停止的时候，不知道应该怎么办。

我们差不多该告别这种不安了吧。就如"中间总结"中写到的，里山资本主义正是在金钱不起作用的时候还能继续获得食物和燃料的、最终的后备系统。不仅如此，就像木质生物质能源那样，在某些领域，或许还能和主系统交替着发挥作用。不管怎样，越是依赖复杂而巨大的单一系统，内心对这个系统崩溃的不安就越大，能够治愈这种不安的只能是作为不同体系存在的"保险"，而里山资本主义就是金钱资本主义世界里的终极保险。

即使是住在大都市圈里的人，在几代人之前，还经常沐浴在春夏秋冬四季各异的风中，过着双手抚摸大地和溪流、伐木生火的日子。

实际上，生活在里山的老人们，日子过得安稳又充实。他们对遥远的都市里所发生的各种阴谋、对立和闹剧深感厌恶；每天升起的太阳所带来的恩惠，以及四季变换中欣赏到的花鸟风月的美，还有从富饶的土地上孕育出的果实，牢牢地支撑着他们虽然稍显平淡却很少产生不安的生活。

为什么会这样呢？那是因为，大部分的食物和燃料都能从身边获取，这让他们感到放心。不是手上有钱但与自然对峙的自己，而是能亲身感受在自然的循环中生活的自己，以及由此带来的充实感。

里山资本主义这个保险的保险费不是金钱，而是自己去行动和准备这件事本身。因为是保险，所以如果不发生意外的话，特地做的准备也很可能没有发挥作用的时候。但是，有准备和没有准备，到危机发生的时候就会出现天壤之别。日常生活中的安心感也会有看不见的差异。保险是用来购买安心的商品，而里山资本主义就是靠自己的行动创造安心的实践活动。

## 对于刹那繁荣的追求和心底深处的不安产生于严重的"少子化"

日本人的行为开始趋向刹那和短暂，对此，里山资本主义如果作为一个对抗性的原理能发挥一定作用的话，那么，我们也许就能期待，当规模更大的时候，就能出现效果。对于日本百分之一百要面临的问题，或者应该说，其实已经纠缠了我们几十年的这个问题，在某些情况下甚至可能会是切断日本社会命脉的真正的危机，里山资本主义也许是最大也是最后的对抗手段。

也许已经有人注意到了，如果我们不去应对和解决的话，到本世纪中期，欠下的这笔债有可能会带来非常严重的副作用。那就是，已经持续了30多年的严重的少子化。

日本的总和生育率（女性一生能生育的孩子的数量）在这几年虽然稍有恢复，但也低于1.4%。全日本该生育率最低的东京已经降到1.1%，而这个结果导致14岁以下的人口每年以1.6%的速度减少。照这样下去，再过60年，日本就将没有孩子了。

这已经不能当作笑话来看待。事实是，在过去的35年里，日本每年出生的孩子减少了40%。只要不出现什么根本变化，持续了几十年的少子化的潮流也不发生任何改变的话，那么，即使孩子不至于消失，减少程度也必定会更加严重。不仅仅是孩子，育龄人口（15至64岁的人口）在1995年至2010年的15年间也减少了7%。而今后的50年中，人口再减少一半的趋势也已无人能阻止了。

吸收移民的做法完全无法解决这个问题。移民越被同化，其生育率越是可能快速地降低到与移民国家的国民同样的水准。在生育率比日本更低的新加坡，虽然居住人口中有30%的外国人，但和日本一样，孩子也在不断地减少。

如果出现这种情况，再说什么国防或者其他都是空谈，因为日本社会本身都可能无法存在了。说是要保证公司的收益，但在那之前，不是连劳动力和顾客都无法保证了吗？就算再怎么计算，也无法阻止工作人口减半的情况发生。不过，让其停在减半的那个点上，避免继续发展下去，也许是能够做到的，这是我们今后必须为之奋力一搏的目标。

少子化的原因错综复杂地交织在一起，还没有一项研究能对它进行定量验证。但是，如果你去观察都道府县之间巨大差异的话，就能够对它做出一定程度的推测。首先，首都圈和京阪神圈的生育率很低，北海道也很低。然而，冲绳县和除福冈以外的九州各县，比如岛根县、鸟取县、福井县、山形县等靠日本海的县的生育率，总的来说都比较高。

经常被误解的是，年轻女性工作的话就会导致孩子的减少，但其实不是这样的。相反，越是年轻女性不工作的地区（首都圈、京阪神圈、集中了北海道一半人口的札幌圈），生育率越低，而在那些双职工很多的、地方上的县，孩子出生得却更多，这在统计上来看也是非常明显的。稍微更定性地说明的话，上班时间和劳动时间越长、幼儿园不足、生病时没有人帮忙、生了孩子以后就很难继续工作，等等，这些情况出现得越多，少子化就越严重。而在有足够的幼儿园、父母以及社会对于育儿的支持越多、比较容易确保育儿期间收入的地区，生育率就会越高。

这些适合育儿的地区都是在日本海一侧、南九州以及冲绳等金钱资本主义中相对落后的地区。在那里，保留着相对更多的绿色、水、土地以及人与人之间的联结。即使是在同一个县当中，也是山区和离岛的生育率更高。比起大都市圈的人，这些地区的居民愿意花更多的精力投入到那些眼下无法产生财富的账外资产（不能换算成金钱的财产）上，比如说生育更多的孩子，或者是保留水井、农田和里山等。他们追求的不是一时的经济繁荣，而是一直都在关注更长远的、真正重要的东西。

然而，无奈的是，住在那些地区的人只是日本人中的少数派。大部分年轻女性都住在第三代的数量将降到第一代的一半以下的大城市。

是的，年轻人仍然受大城市的吸引，或者受就业机会的吸引，也有可能他们只是无意识地受周围所影响，觉得"不这么做不行"，因此，聚集到了不仅食物，甚至连水也无法自给的大都市圈。但是，我认为，那些大都市圈里的居民，以及以大都市圈为中心发展起来的、日本企业的相关者们，比起地方上的人和企业，他们的意识深处隐藏着更为强烈的不安，那就是"我们现在的这个金钱资本主义的繁荣应该继续不下去吧"？正因如此，他们不再积极地想要孩子，或者是不会积极地支援那些想要兼顾育儿和工作的员工（反而是让他们辞职）。

可以说这是真正意义上的没有余裕，也可以说是被不安驱赶着，自己否定了自己的未来。让年轻人不断地集中到那样的大都市圈，不断地到大都市圈的企业里就职，其结果就是日本孩子的数量将更快地减少。

## 里山资本主义才是阻止"少子化"的良策

笔者认为，少子化其实就是日本人和日本企业（尤其是大都市圈的居民和大都市圈的企业）对于金钱资本主义的未来所抱有的不安和不信任的表现。因为不相信未来，所以犹豫着要不要留下子孙，这难道不是一种"自我伤害的行为"吗？因此，无论你再怎么大声呼吁"多生孩子"，少子化现象也不会因为这些表面的口号而得到解决。正因如此，无论哪个党执政，强势的政权对这个问题都避而不谈。

少子化不仅发生在日本，在金钱资本主义比日本进行得更彻底的韩国和新加坡，那里的生育率比日本还要低。在同样掀起金融风暴的中国，沿海地区的人口出生率很可能已经比东京还要低。听说上海的生育率是0.7%，这已经达到了三代以后人口缩小至目前人口的八分之一这样惊人的程度了。俄罗斯和东欧也是这样，据报告，在被突如其来的金钱资本主义风暴所裹挟的苏联解体之后，生育率明显下降。

如果这些都是真的，那么更应该依靠普及和活用与金钱资本主义不同维度的里山资本主义来解决问题了。里山资本主义能缓和大都市圈居民对于确保水、食物和燃料供给的不安。不仅如此，里山资本主义还能为育儿年龄的夫妇提供更为人性化的生活环境。

如果是不久以前的日本，不住在城市就无法享受金钱资本主义的恩惠，也就是物质上的富有。那些当年离开家乡前往大城市、现在已是中老年的人中，还有人深信农村仍是当时的样子，从某种意义上说这也算是一种幸福吧。

然而，现实是，不管在周防大岛还是邑南町，不仅有大超市、24 小时便利店，还有首都圈中心地区所没有的家居中心。只要利用发达的公路，就能很方便地到达附近的机场和大城镇，要去大城市或国外也比过去容易得多。通过网购可以买到各种稀罕的东西。如果是过去，也许全国人民都在支持巨人棒球队，但是，日本足球联赛、独立的棒球队等不断地在增加，到了如今这个时代，已经是任何人都可以在当地支持当地的职业球队了。并且，在里山反而还能以更低的成本享受在今日的城市已无法享受到的自然、水、空气和家庭菜园，以及城市所无法相比的美味食材和宽敞的住房。

可以说，日本农村唯一的问题，就是没有足够的工作吧。但是，就说这个工作，只要你不执着于那种"在安定的企业做到退休"的、在现在的城市里一般也很难找到的工作，其实，工作机会还是在不断增多的。

本书所介绍的只是其中一小部分中的一小部分。不管是在书籍、杂志还是网络上，都充满了提供给去农村寻找机会的年轻人或退休人员的信息。虽然收入减少，但作为交换，你可以在那里找回真正的自己。时代的潮流确确实实在发生变化。

"中间总结"中曾提到，金钱资本主义如果做过头，就连人的存在也会换算成金钱。人当然是无法用钱买到的。人的存在价值也不是用能赚多少钱来衡量的。

决定人价值的，是有没有人对你说"你是不可替代的"。只有通过重新建立人与人的联结，重新建立与孕育我们生命的大自然恩惠的联结，我们才能真正感受到"我可以做我自己，不可替代的自己"。到那个时候，人才会开始从心里想要有自己的孩子，才会开始觉得自己也是可以有孩子的。因为孩子和自己一样，不需要做什么，他的存在本身就是不可替代的。当我们打心底里觉得，要让孩子也品尝到和自己一样的幸福、活着的幸福时，人才终于走出了要一个孩子的第一步。

## "日本因为老龄化而衰退"是个错误的观点

因为提到了少子化，所以也想谈一下老龄化和里山资本主义的关系。有人将少子化和老龄化混同起来，一并称之为"少子老龄化"，但其实，老龄化是不同于少子化的一个问题，在不久的将来会摆到我们面前。

日本在今天所经历的老龄化，用一句话来说，就是老龄绝对人口的增加。更准确地说，就是 75 岁以上（后期高龄者）或 85 岁以上（应该叫"超后期高龄者"吗？）人口的急剧增加。如果把这看作是"老龄化率"的上升，那么事情就能看清楚了。

根据已经多次引用过的国立社会保障·人口问题研究所 2012 年的推算，在 2040 年的日本，85 岁以上的老年人将超过 1000 万，比任何其他以 5 岁为单位的年龄层的人口都要多（2010 年是 400 万人，所以是增加 2.5倍）；人口第二多的是 65 至 69 岁的老年人。到了 20 年后的 2060 年，只有 85 岁以上人口超过 1000 万，45 至84 岁之间以 5 年为单位的年龄层中，不管哪一层人口都在 500 至 600 万，没有大的差别。再往后到了 2070 年，85 岁以上的绝对人口可以期待出现大幅度减少，和无限持续的少子化相比，老龄化可以说是能用时间来解决的问题。但即使如此，可以预见的是，等问题解决的时候，看这本书的人应该基本都已离开人世，或者作为超后期高龄者活在世上吧。

好像只要提到以上的人口预测，就会被认为是对日本的未来持悲观论。2012 年，英国《经济学家》杂志所做的未来预测成为了热门话题。根据该杂志的预测，到了 2050 年，现在处于世界第三的日本的 GDP，将被韩国所超越，与巴西和俄罗斯处于相同地位。虽然，我很怀疑这个评价在多大程度上考虑到今后韩国和俄罗斯将会发生的、比日本还要快速的人口减少这个因素，但不管怎样都是在金钱资本主义的框架范围内，以它的标准得出了这个结论。

而笔者则完全不赞同"日本因为老龄化而衰落"这种论调。相反，对于之前也提到过的有关 2060 年的日本，我手上还有一个在假设了各种能够想到的困难的基础上做出的乐观的脚本。

正因为日本既是迄今为止人类从没经历过的超老龄社会的领跑者，同时又在将金钱资本主义进行到底之后开始意识到它的极限，所以只要通过加入里山资本主义的要素，就能走出一条"光明的老龄化"之路。

## 里山资本主义将延长"健康寿命"，
## 创造光明的老龄化社会

第一个依据是，已经位于世界最高水准之列的日本的健康寿命（身心都健康的年数）通过普及里山资本主义将得到进一步的延长。日本人的平均寿命也位于世界前列。我已经说过，这是日本经济"虽然被认为正在衰退，但其实稳居高位"的一个证据。

虽然日本的老龄化率（65 岁以上人口 / 总人口）超过了 23%，是美国的两倍，但是国民人均医疗费现在仍然是美国更高。人均医疗费和平均寿命的长短原本就没有相关性。在出行靠车、食用大量高脂肪食物的美国人中，年轻时就开始患有"生活习惯病"（高血压、糖尿病、癌症等因生活习惯引起的疾病）的人比日本人多，并且平均寿命也比日本人要短 4 年，医疗上花费的金钱比日本还要多。不仅如此，美国人还相信将医疗保险制度完全交给金钱资本主义世界的竞争机制来运作会更加顺利，结果，便出现了像现在这样、实际上效率非常之差的情况。

然而，如果要问日本全国是否不管哪里都是"优等生"，其实地区差异还是相当大的。比如多年来以健康长寿县为人所知的冲绳县，近年来男性平均寿命在全国的都道府县中已跌出了前半阵营，老年人的人均医疗费也年年增高。因为美军占领时期受美式饮食生活的影响，加上战前的铁道没有得到修复而变成汽车社会，人们失去了步行的习惯，所以，导致健康寿命缩短了。

而在男性平均寿命最长的长野县，老年人的人均医疗费也是全国最低的。实际上，光是治疗小病小痛，医疗费是不会增加很多的。在生死危急的状态下反复地住院和出院的话，医疗费就会大幅度上升。但长野县从战后早期就开始开展"预防医疗"，派专家到各家各户去访问，了解人们的饮食生活，指导大家改善生活习惯，预防大型生活习惯病。

此外，长野县还是日本有名的里山之县，笔者认为这一点也不容忽视。当然，在长野周边和松本周边等城市地区，虽然缺少平地却已完全变成了汽车社会，但在很多老年人所居住的山村地区，他们在生活中既能接触土地，又能饮用优质的水，呼吸清新的空气。在自家周围就能摘到的蔬菜，为餐桌持续提供丰富的食物纤维。

生活中，很自然地就有许多与自然接触的机会。

如果整个日本都能像长野县这样做，就能在很大程度上缓解因老年人增多而带来的医疗福利的负担。并且，因为里山资本主义的普及，会有更多人像长野山村的人那样生活吧。

即使不搬到农村，还有别的路可走。比如，大城市周边地区的住宅新村现在有越来越多的空置房。那些房子的主人都还健在，他们应该无论如何也不愿意廉价卖掉自己用一辈子的积蓄才买到的房子吧。然而，由不住在那里的下一代继承之后，他们很可能就不再将那里当作住宅，那么必将有更多的土地作为家庭菜园外租给周围的住户。

群马县安中市的长野新干线（北陆新干线）安中榛名站前的高原上，有一个由JR东日本分期销售的、名为"View Verger安中榛名"的住宅新村。这里在开发时设想的购买群体是坐新干线去首都圈上班的人，但是随着首都圈地价的跌落，已经看不到这样的需求了。于是，他们非常灵活地转换思路，把两个单元并作一户进行销售，吸引那些想要经营家庭菜园或者园艺的客户，现在房子基本已告售罄。

土地所有者只要能接受地价的下跌，那么同样的事情在大都市圈郊外的各地都可能发生。这是里山资本主

把两个单位并作一户销售的住宅新村 "View Verger 安中榛名"

用宽敞的院子吸引顾客

义对于大都市圈的反攻。

## 里山资本主义创造出"无法用金钱换算的价值"和光明的老龄化社会

认为日本能发展成"光明的老龄化社会"的第二个根据是，随着里山资本主义的普及，今后会有越来越多的人能创造无法换算成金钱的价值，并且让它在地区内循环起来。

创造无法换算成金钱的价值？也许有人会觉得太抽象，完全无法理解。那么，请你回想一下，比如庄原市的老年福利院。把当地老年人种的、因为不太符合规格而无法拿到市场上去卖的农产品，拿到老年福利院当作食材进行利用；再把这里产生的废弃食材变成肥料，返还给种菜的老人。其中也有一部分会借助金钱的交易，但从整个循环的价值来看，这不过是极小部分。生产者的生命价值得到了增加，福利院人员的健康得到了增进，从结果看，买食材和肥料的钱，还有运输的燃料费都省下来了。这些都是无法用金钱换算的价值，或者说，对 GDP 来说还是负增长，但实际上，这些都是有意义的价值，在地区内不断地得到了循环和扩大。

这只是其中一个例子。让健康老人照顾衰弱老人的 NPO（非营利组织）、在公共空间修建花坛的老人会、在小学生上下学时帮助他们过马路的老年志愿者、在幼儿园或者放学后的小学里教孩子做游戏的老爷爷，等等。像这样，全国有无数老人在创造无法用金钱换算的价值，并不断让它增殖。

老人如果自己种菜的话，就不需要去商店买了，从GDP上看也许是负增长，但是，老人因为接触泥土和劳动而变得生气勃勃，把多出来的菜分给别人又能增加人与人之间的联结，像这样，在他周围诞生的也是无法用金钱换算的价值的循环。

随着老年人绝对数量的增加，像以上这样的人今后肯定会越来越多。虽然希望能有更多老人可以健康地劳动、自己挣钱，但是，即使不挣钱，能够创造出社会价值的老人也应该获得更多的肯定。

# 结　语

——里山资本主义的春风吹遍 2060 年的日本

**（藻谷浩介）**

## 2060 年：充满光明的未来

　　如果，日本能够通过普及里山资本主义，控制住急剧下滑的出生率，在不增加过多成本的情况下很好地应对了老龄化问题，那么，到了 2060 年，80 岁以下各年龄层的人口数将基本相同，而日本则将重生为一个非常安定的社会。也许人口总数减少到了 8000 万，并且由于无法用金钱计算的价值的循环扩大导致了 GDP 的下降，但是，现实社会的方方面面都将充满明媚的春光吧。

　　首先，对于全世界将面临的粮食供给困境，在 2060 年的日本，自给率必然会大幅提高。如果从进口量减去出口量这样的计算来看，完全可能达到 100%。日本原本就是气候温暖、降水丰富、土地肥沃、适合农业生产的国家，战后人口增加了 80% 后，曾经为了城市开发利用了很多农田。随着今后人口的减少，可以把空置房的土地恢复成农地。并且，由于家庭菜园的增加和乡村移居者对闲置土地的利用，实际上得到有效消费的农产品应该会增加吧。虽然这些产品由于不会流通到市场上，无法用金钱来计算。

关于燃料需求，由于国产木材作为建材得到了更多的利用，其副产品木质生物质燃料将以低廉的价格进入市场，就像奥地利那样，自然能源的自给率也将得到极大的提高。太阳能和地热等其他自然能源，随着人口的减少，平均每人可利用的热量不断增加，即使天然气水合物等没有走向实用化，社会的稳定性还是会大幅度提高的。

以上所有的这些都得益于降水量、土壤和地热等火山国家日本所特有的、来自大自然的恩赐。日本由于是造山运动旺盛的火山国家，作为国土脊梁的山脉没有受到侵蚀，从而保持了一定的高度，季候风撞击到山脉后带来了丰富的降雨和降雪。火山国家得天独厚的富含矿物质的土壤孕育了丰富的作物。这些，如果说是大自然对地震国家的补偿，那恩惠也实在是不少。

到了 2060 年，发生大规模自然灾害时的安全性也得到了加强。人口减少后，可以鼓励人们搬离那些容易发生塌方或者水涝的地方。战后由于人口增加了80%，很多湿地和地面倾斜的地方也被开发成了住宅区，人口大幅度减少后，同时随着那些不愿搬离生养之地的老人相继过世，那么，战后开辟出来的、容易受灾害影响的住宅地可以慢慢地重新恢复成原来的湿地和山林。

人们应该会渐渐认识到，有钱建造巨大的堤坝，不如把它用在人的移动上，从有风险的新开发地搬去那些很久以前就有人居住的安全的地方。不仅如此，人口从过度集中的大都市圈回流至乡村的现象如果已经持续了半个世纪，那么就会有更多的人生活在周围有山有水有田野的地方。可以期待的是，即使金钱资本主义的系统突然停止运作，能够维持一段时间生计的人在比例上应该已经有了大幅度的提高吧。

## 国债余额也有可能明显减少

政府庞大的债务到那时候会怎样呢？如果那时候建立了新规则，规定"新国债的发行量必须限制在融资所需范围之内"，从而将债务余额维持在原有的状态；如果那时候能够努力地避免了过度的通货膨胀，让退休的老人们能在生前保住自己仅有的那些储蓄，2060 年究竟会怎样呢？

其实，按照我的预测，偿还国债的责任不会全留给年轻一代。因为，20 世纪 40 年代后半期出生、65 岁以上的人口目前已超过 1000 万，相比之下，0 到 4 岁的人口只有 500 万。人数众多的老一代的积蓄将在很长的一段时间内通过继承遗产等形式传递到为数较少的年轻一代的手里，利用这一点，国债余额就可能明显减少。

既可以加强对富裕阶层遗产税的征收，也可以利用少子化的结果——因为没有子孙的日本人越来越多，所以可以建立政策，将无人继承的遗产收归国库。首先，大致计算一下老年人的储蓄中需要有多少用于偿还国债，然后再进行具体的制度建设。

人口减少的社会原本就是每个人的价值相对获得提高的社会。在这样的社会里，无论是残疾人还是老年人，都理所当然地能通过力所能及的劳动参与社会事务，创造可以换算成金钱或者无法换算成金钱的价值，然后获得能换算成金钱或者无法换算成金钱的对等价值。

随着机械化、自动化的推进，生产力得到维持，在这种情况下，人口的减少能让每个人的生存和自我实现变得更加容易、更加顺理成章。先减少过度增长的人口，然后让它保持稳定，这才是无法脱离地球生存的人类，为了在与自然的共生中生存下去，可以选择的最为合理和光明的道路吧。

## 未来，已经从里山脚下开始

距离 2060 年还有半个世纪，50 年的岁月足够让时代发生巨大变化。

在 1855 年黑船来日骚动之后，谁能想象 1905 年的日本能够在与俄罗斯的战争中取得胜利？1940 年（太平洋）战争逐渐陷入胶着状态的时候，谁能想象 1990 年的日本正作为一个和平的经济大国享受着泡沫经济所带来的繁荣？1960 年，随着工业化的进程，无论是海洋、河川还是大气都在不断地受到污染的时候，谁能想象 2010 年的东京，空气清新，多摩川里鲶鱼洄游的景象？

从现在起，至半个世纪以后，整个社会所抱有的愿景本身也会发生巨大变化，对社会来说，真正需要的东西以及肩负重任的主体也会发生变化。

问题是，在传统的企业、政治、大众媒体，以及各种团体中担任主角的中老年男性们没有跨入新时代的勇气。他们为原有的愿景所困，出于惯性，继续干着早已失去必要性的工作，同时也无法接纳新人的活力。然而，时间终会让那些应该消失的东西消失，在这个岛国上，新时代终会到来。未来终将属于年轻人。先行离开的一代也无人能否认这一点。

里山资本主义，作为弥补金钱资本主义先天不足的辅助系统，同时，作为在非常时期能够替代金钱资本主义站到历史舞台上的后备系统，对日本以及世界的脆弱部分进行补强，为人类指出了一条生存之路。

清风拂面的未来，已经在曾经被遗忘的里山脚下拉开序幕。

# 后　记

　　笔者的本行是通过在全国各地的演讲和面谈，为地方振兴的相关人士以及企业提供咨询和顾问的服务。因为我行事的原则是按照对方的要求准备演讲资料，所以无法花更多的时间写作，曾拒绝了很多出版计划。在我为数不多的作品里，除了有一本以外，其他都是写给杂志的投稿和连载，以及由特定场合中的对谈整理成的图书。

　　我唯一专门执笔的作品是《通货紧缩的真相》（2010年）。这本书，如果没有角川书店的编辑岸山征宽先生多年来的说服和督促，必定是无法问世的。很荣幸的是，这本书获得了大量的读者。更让人高兴的是，有很多个人和企业因为阅读此书而更新了自己的认识，或者对战略做出了修正。作为笔者，对此感到十分的自豪。

　　然而，遗憾的是，这本书还收到了很多只看到局部且无的放矢的批判。分明是在指出客观事实，却被说成是"笔者的主观意见"。被当作主观意见来看待，这种情况之多让我感到十分为难。因此，在这本书之后我就远离了出版，其最大的原因就是强烈地感受到"遗憾的是，仅通过文字是很难准确传递逻辑性讨论的"。

在那期间，岸山先生没有对我说什么"趁上一本书大卖，我们赶快拿出相似的企划"，而是保持了静观的态度。这令我加深了对他的信赖。

这本《里山资本主义》，对笔者来说是时隔三年出版的、我自己的第二本书。因为我有一个写 10 页删掉 4 页的坏习惯，所以，实际的写作量会比最终书稿要多得多。但也因为如此，我可以很自豪地说，这本书具有对谈类图书所不具备的信息密度和独创性。

我之所以跨出这艰难的一步有两个理由。第一是出于义务，我必须回应 NHK 广岛放送局井上恭介监制的热情。是他创造了"里山资本主义"这个词，并且制作了系列纪录片，对这个词的内容和意义进行了具体的深挖，并且，出于使命感，他认为仅影像作品还不够，要把它写成文字，和没有拍进纪录片的信息一起交给大家。他的同事夜久导演等人也是一样，在繁重的工作间隙抽时间写作，努力将采访内容化为文字。这样的姿态让我自愧不如。

可是，在此之前，我有多次让出版计划半途而废的前科，所以，我的写作仅靠以上这些理由恐怕是不会进行到底的。做事不仅仅基于商业主义动机的岸山先生高度评价了井上监制拿来的企划内容和原稿，在《通货紧缩的真相》一书后，第一次要求我参与执笔。井上和岸山两位对于要让这本书问世所抱有的使命感，令我震惊。

写评论就意味着要尽可能地深挖、思考。这和把已经思考过的事情在演讲时发表出来是完全不同的。说实话，我原本是讨厌这样辛苦的作业的，但是，最后到了不得不下决心执笔的境地。所以，井上、夜久、岸山三位，少了其中任何一位，这本书都不会问世。对他们再怎么感谢也不为过。

50年后，有人看到笔者的论述时会如此评价："50年前就已经有人讨论这样的事了！""如今已经是理所当然的事情，没想到50年前还不为人们所接受，需要如此充满热情地写出来呢。"说出来也许冒昧，但这正是我从心底里想要达到的目标。也许这是一个很难实现的奢望，但我一直在告诫自己，至少不要写成一篇5年后就过期的文章，也不要拿出一个5个月后就没人理睬的主题。

我坚信，《里山资本主义》是继《通货紧缩的真相》之后，哦不，将超越《通货紧缩的真相》，在今后很长的一段时间里，可在世界各地汇成大河，虽然目前它仍然只是一滴水，正在注入涓涓的细流。对于"依靠金钱资本主义就能玩转世界"这种集团幻想提出小小的异议，在目前这个阶段，其本身就具有重要的意义。井上、夜久、岸山三位应该也有同样的想法吧。诸位读者，希望你们也能对这本书的遥远未来尽情地畅想一番吧。

对于金钱资本主义的信仰虽然只是一瞬间，但却似乎笼罩了整个日本的、这一年的 5 月。

藻谷浩介